208개 국가와 지역을 알 수 있는 국제 이해 지도

DOOR
도어

① 아시아

● 이 책 사용법

● 이 책의 구성

※지역의 경우에도 같다.

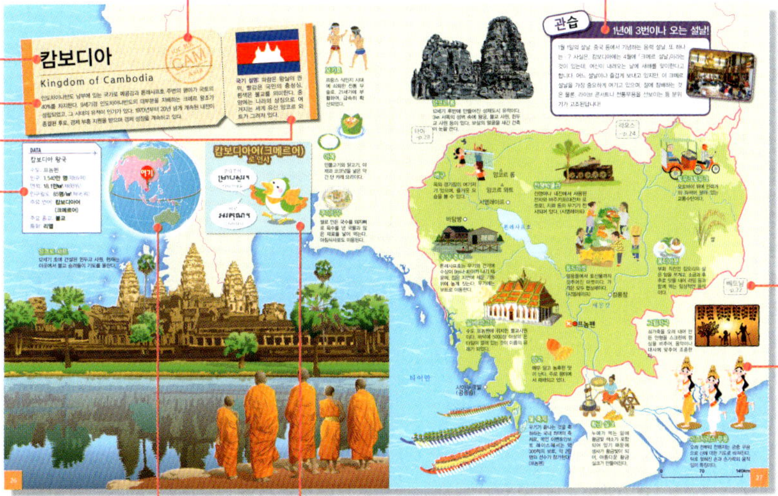

국명
국가 개요
국기에 대한 설명
DATA : 기본적인 통계 자료를 게재하고 있다.
정식 국명
수도
인구 ┐
면적 ├ 197개국 중 순위를 보여준다.
인구 밀도 ┘
주요 언어
주요 종교
통화

출처: 인구와 면적은 Demographic Yearbook 2018 등, 언어와 종교는 CIA World Factbook 등

IOC코드: 국제 올림픽 위원회(IOC)의 국명 코드이다.

칼 럼: 의식주, 관습, KOREA, 나라의 자랑, Sports, 축제, 전설, 역사, 정치, 동식물 등의 테마를 소개하고 있다. 사진을 게재한 국가도 있다.

주변 국가에 대한 페이지 링크

일러스트와 해설 : 음식, 의상, 건물, 유적, 산업, 교통, 동식물, 자연, 사람, 축제, 스포츠 등을 해설하고 있다.

나라의 위치
나라의 인사말: 「안녕하세요.」와 「감사합니다.」를 각국의 언어로 소개하고 있다.

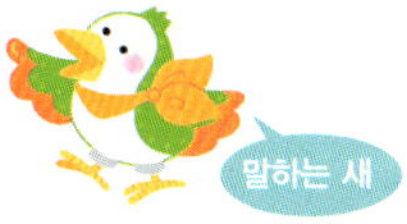

말하는 새

● 기호와 범례

도시 및 장소 기호
- 🔴 수도
- ○ 도시
- ∴ 명소・유적・기타 주요 지점
- ✈ 공항
- 🔥❄ 하계・동계 올림픽 개최 도시

경계 기호
- ━━ 국경
- ╌╌ 미확정 국경

교통 기호
- ━━ 철도
- ╌╌ 철도 지하부
- ━━ 도로
- ⟩⟨ 다리

자연환경의 기호
- ▲ 산 정상
- ▫ 빙설 (얼음과 눈으로 덮여 있는 곳)
- ▫ 사막
- ━ 하천
- ┅ 운하

기본적인 육지의 높이

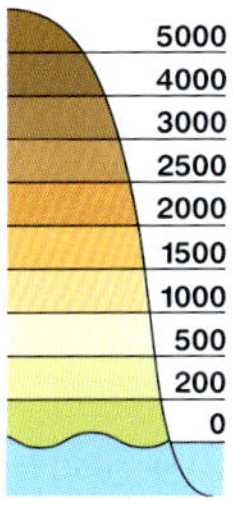

육지 높이 (m)
5000
4000
3000
2500
2000
1500
1000
500
200
0

※기본적인 육지의 높이와 다른 경우, 페이지 내에 범례가 있다.

(예)
1500
1000
500
200
0

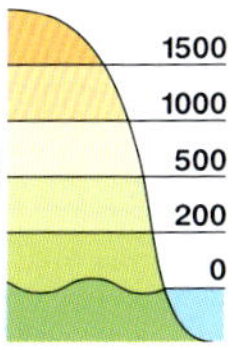

해면보다 낮은 위치의 육지를 표시한다.

지도 차례

차례 아시아

이 책 사용법 1
차례 2~3
대한민국 4~5
대한민국 수도 서울 6~7
북한 8~9
중국 10~11
중국 주요부 12~13
홍콩 14~15
타이완 16~17
일본 18~19
몽골 20~21
베트남 22~23
라오스 24~25
캄보디아 26~27
타이 28~29
미얀마 30~31
말레이시아 32~33
싱가포르 34~35
브루나이 36~37
필리핀 38~39
인도네시아 40~41
동티모르 42~43
인도 44~45
스리랑카 46~47

방글라데시 48~49
부탄 50~51
네팔 52~53
파키스탄 54~55
몰디브 56~57
카자흐스탄 58~59
키르기스스탄 60~61
타지키스탄 62~63
우즈베키스탄 64~65
투르크메니스탄 66~67
아제르바이잔 68~69
아르메니아 70~71

*지도의 흰 부분은 국가의 경계가 정해져 있지 않은 지역이다.

조지아 72~73
아프가니스탄 74~75
이란 76~77
이라크 78~79
쿠웨이트 80~81
사우디아라비아 82~83
바레인 84~85
카타르 86~87
아랍 에미리트 88~89
오만 90~91
예멘 92~93
요르단 94~95

이스라엘 96~97
팔레스타인 98~99
레바논 100~101
시리아 102~103
터키 104~105
키프로스 106~107
DOOR의 열쇠 108~109
특집 올림픽·패럴림픽 110~111
세계의 여러 나라 112~113
찾아보기 114~115
판권 116

©KYOHAKSA Publishing Co., Ltd.

대한민국
Republic of Korea

IOC 코드 **ROK** Asia

아시아 대륙 동쪽에 있는 한반도와 그 부속 도서로 이루어진 민주 공화국이다. 독특한 보존과 저장 방식으로 만들고, 조상들의 지혜가 가득 담겨 있는 음식인 김치와, 화기(火氣)가 방 밑을 통과하여 방을 덥히는 장치인 온돌이 옛날부터 생활 속에 뿌리내려 왔다. 조선 및 자동차 등의 대표적인 중공업과 반도체 공업이 발전했지만, 최근에는 첨단 기술 산업도 발전하고 있다.

국기 설명: 태극기라고 불리며, 흰색 바탕에 가운데 태극 문양과 네 모서리의 건곤감리(하늘·땅·물·불) 4괘로 구성되어 있다. 흰색은 순수 및 평화를 사랑하는 민족성을 나타낸다. 태극 문양은 음과 양이라는 대자연의 진리를 형상화한 것이다.

태권도
대한민국의 국기. 손과 발, 또는 몸의 각 부분을 사용하여 차기, 지르기, 막기 등의 기술을 구사하면서 공격과 방어를 한다. 현재 200개가 넘는 국가에 보급되어 있다.

DATA
대한민국
- 수도: 서울
- 인구: 5,124만 명(제26위)
- 면적: 10.0만 명/㎢(제107위)
- 인구 밀도: 511명/㎢(제12위)
- 주요 언어: 한국어
- 주요 종교: 크리스트교, 불교 외
- 통화: 원

김치
소금에 절인 배추나 무 등을 고춧가루, 파, 마늘 등의 양념에 버무린 뒤 발효를 시킨 음식. 재료와 조리 방법에 따라 많은 종류가 있다.

경복궁
서울 세종로에 있는 조선 시대의 궁전. 조선 태조 때 건립되어 임진왜란 때 불타 버렸으나 고종 때 흥선 대원군이 재건하였다.

황 해

창덕궁
서울 와룡동에 있는 궁궐. 조선 태종 때 건립된 것으로 역대 왕이 정치를 하고 상주하던 곳이며, 돈화문 등이 있다. 1997년에 세계 유산으로 지정되었다.

북궐도
북궐은 경복궁의 별칭으로, 북궐도는 고종 때 제작된 북궐도형을 근거로 한 조감도이다.

야구
프로 리그가 있는데, 10개 구단이 리그전 형식으로 시즌 동안 시합을 벌여 우승을 겨룬다.

판문점

군사 분계선에 걸쳐 있는 마을. 1953년 7월 27일에 휴전 협정이 조인된 곳이며, 북한군의 군사 정전 위원회 회의실, 중립국 감독 위원회 회의실 등이 있다.

축구
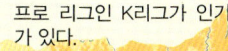
프로 리그인 K리그가 인기가 있다.

종묘 제례

조선 시대의 역대 임금과 왕비의 위패를 모시던 왕실의 사당인 종묘에서 거행하는 대한민국 최대의 제향 의식. 종묘 제례악과 더불어 2001년에 유네스코 세계 무형 유산으로 지정되었다. (서울)

남산골 한옥 마을

대한민국 서울의 상징인 남산에 전통 가옥인 한옥이 보존되어 있는 마을. 한옥 다섯 집을 이전 복원하고, 정자와 연못 등을 복원하여 전통 양식의 정원으로 꾸몄다. 연극, 놀이, 춤 등이 공연되어 옛 문화를 접하며 배울 수 있다.

화성

조선 정조 때에 경기도 수원시에 쌓은 성. 근대적 성곽 구조를 갖춘 성으로 거중기 등의 기계 장치를 활용하여 쌓았다. 대한민국 성곽 건축 기술사상 중요한 위치를 차지한다. 1997년에 세계 유산으로 지정되었다. 사적 정식 명칭은 '수원 화성'이다.

찜질방
황토, 맥반석으로 만든 방에서 높은 온도의 공기로 땀을 내도록 하는 곳. 약 40~80°C의 더운 공기를 유지하며 휴게 시설과 사우나를 갖추고 있다.

석굴암

경주 토함산 동쪽에 있는, 대표적인 석굴 사원. 신라 때에 축조한 것으로, 불교 예술의 극치를 이룬다. 불국사와 더불어 1995년에 세계 유산으로 지정되었다.

백자

정제된 백색의 바탕흙으로 형태를 빚고 그 위에 장석질(長石質)의 투명유를 입혀 1,250°C 이상의 고온에서 구워 낸 자기이다.

하회마을

안동시에 있는 민속마을. 경주 양동마을과 함께 세계 유산으로 등재되었다.

불국사

경주의 토함산 기슭에 있는 절. 석굴암과 함께 신라 불교 예술의 귀중한 유적으로 삼층 석탑, 다보탑 등이 있다. 석굴암과 더불어 세계 유산으로 지정되었다.

삼계탕

어린 닭의 내장을 빼고 인삼, 대추, 찹쌀 등을 넣고 물을 부어 오래 끓인 한국 전통 음식으로, 몸을 보호하고 원기를 돕는다.

고려청자

고려 시대에 만들어진 푸른빛의 자기를 통틀어 이르는 말. 상감 청자가 특히 유명하다.

광안대교

현대자동차그룹
대한민국 최대의 자동차 회사이다.

오륙도
부산광역시의 문장으로 부산을 상징하는 것의 하나다. 동에서 보면 6개 봉우리로 보이고, 서에서 보면 5개 봉우리로 보여 오륙도로 불린다.

아이돌·K-POP
다양한 형태의 아이돌 보이그룹과 걸그룹들이 활약하며, 국내외에서 인기가 높다.

골프

어린 시절부터 훈련하며, 특히 여자 골프가 세계적으로 이름나 있다.

성산 일출봉

해저 분화에 의해 생성된 거대 화산으로, 제주도의 상징이다. 이름에 걸맞게 일출이 아름답다. 2007년에 세계 유산으로 등재되었다.

북한

Democratic People's Republic of Korea

남북으로 분단된 대한민국의 휴전선 북쪽 지역을 말한다. 최고 지도자를 중심으로 하는 사회주의 체제를 구축하고 있으며 그 지위는 자식에게 세습되고 있다. 한민족 고유의 문자인 한글이 대한민국과 마찬가지로 쓰이고 있지만, 말의 억양이나 표현에 차이가 있다. 무연탄, 흑연, 철광석, 마그네사이트, 희토류 등 지하자원이 풍부하지만, 장비와 전문 기술이 부족하여 본격적인 개발에 나서지 못하고 있다.

IOC 코드 PRK

국기 설명: 북한의 전통색인 빨강·파랑·흰색을 사용한 국기로, 1948년에 제정되었다. 빨강은 사회주의 국가의 건설, 파랑은 평화, 흰색은 밝은 빛을 나타내며, 빨간 별은 혁명과 조국의 전망을 나타낸다.

축구
가장 인기 있는 스포츠이다.

DATA
조선 민주주의 인민 공화국
- 중심도시: 평양
- 인구: 2459만 명(제51위)
- 면적: 12.1만 km²(제97위)
- 인구 밀도: 204명/km²(제22위)
- 주요 언어: 한국어
- 주요 종교: 불교
- 통화: 북한 원

여기

개성 인삼
개성 인삼을 원료로 한 상품으로는 인삼 살결물(스킨), 인삼 향분(파운데이션), 인삼 크림 등의 인삼 화장품, 금패고려인삼술, 인삼 약품 등이 있다.

왕건릉
북한 개성시(開城市) 개풍군에 위치하며, 943년(태조 26년)에 조성되었다. 원래의 이름은 현릉(顯陵)이다. 국보로 지정되어 있다.

백두산
중국과의 국경에 있는 한반도에서 가장 높은 산이다. 정상에 칼데라호인 천지가 있다.

중국

People's Republic of China

IOC 코드 CHN Asia

유라시아 대륙의 동부에서 중앙부에 위치하는 광대한 다민족 국가이다. 황허강과 창장강 유역에는 풍부한 토지가 펼쳐져 있으며, 옛날부터 사람들이 정착하여 문명이 탄생하였다. 현재까지 지형이나 기후와 밀접한 관계가 있는 농업과 식문화가 발전해 왔다. 풍부한 노동력과 자원을 바탕으로 공업화를 이루어, 현재는 세계에서 손꼽히는 경제 대국이다.

국기 설명: 오성홍기라고 불리는데, 빨강은 공산당을 상징하며, 노랑은 밝은 빛을 나타낸다. 큰 별은 중국 공산당과 인민의 단결, 작은 별은 노동자, 농민, 지식인, 민족 자본가를 의미한다.

DATA

중화 인민 공화국

- 수도: 베이징
- 인구: 14억 244만 명※(제1위)
- 면적: 960.1만㎢(제3위)
- 인구 밀도: 146명/㎢(제58위)
- 주요 언어: 중국어
- 주요 종교: 도교, 불교, 크리스트교, 이슬람교
- 통화: 위안

※ 홍콩, 마카오, 타이완을 포함한다.

이드카흐 모스크
카스시 중심에 있는 이드카흐 모스크는 중국에서 가장 규모가 큰 이슬람 사원 중 하나로 신장 지역 이슬람교의 활동 중심지이다.

포탈라궁
티베트 불교의 성지. 해발 3700m에 세워져 있으며, 높이는 약 117m, 동서 길이는 약 360m이며, 약 1000개의 방이 있다.

만리장성
세계 최대의 건축물로 길이가 6000km가 넘는 성벽이다. 춘추 전국 시대의 조(趙)·연(燕) 등이 변경 방위를 위하여 축조한 것을 진(秦)의 시황제가 크게 증축하여 완성하였다. 지금 남아 있는 것은 명나라가 몽골의 침입에 대비하여 쌓은 것이다.

타커라마간 사막
예전의 동서 교역로(실크로드)가 사막의 남과 북으로 이어졌다.

카자흐스탄 →p.58

인도 →p.44

육지 높이 (m): 5000 / 4000 / 3000 / 2500 / 2000 / 1500 / 1000 / 500 / 200 / 0

홍 콩
Hong Kong

19세기에 영국과의 전쟁에서 패한 청이 양도한 땅이며, 영국의 식민지로서 독자적으로 경제를 발전시켜, 아시아 금융의 중심으로 성장한 도시이다. 1997년에 중국에 반환되었지만, 독자적인 정치가 인정되는 특별행정구가 되었기 때문에, 중국 본토의 사회주의가 아니라 자본주의 제도가 유지되고 있다.

IOC 코드 HKG Asia

국기 설명: 홍콩에서 사랑을 받고 있는 바우히니아 꽃이 중앙에 있으며, 공산당을 상징하는 빨강과 다섯 개의 별이 중국의 일부임을, 흰색은 자본주의를 의미하며 특별행정구임을 나타내고 있다.

홍콩 사이클론
홍콩의 관광지를 무대로, 공공도로를 달리는 자전거 경기이다.

DATA
홍콩
- 인구 : 729만 명
- 면적 : 0.1만㎢
- 인구 밀도 : 6,592명/㎢
- 주요 언어 : 광둥어, 영어
- 주요 종교 : 도교, 불교, 크리스트교
- 통화: 홍콩 달러

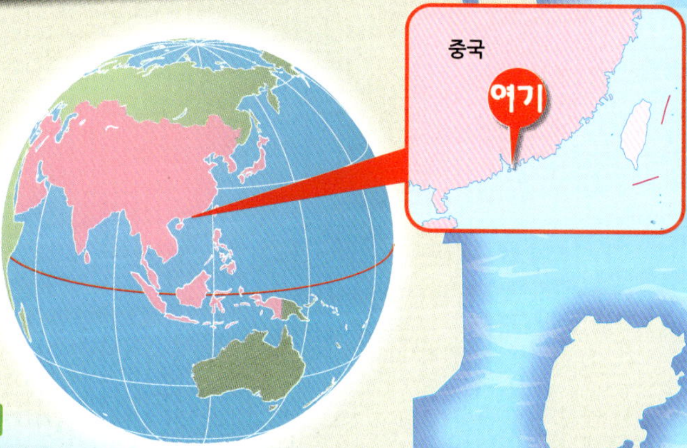

중국 여기

광둥어로 인사

네이호
你好
안녕하세요.

음꺼이
唔該
감사합니다.

빅토리아 피크를 오르는 피크트램
빅토리아 피크는 홍콩의 고층 빌딩 군을 내려다볼 수 있는 장소로 유명하다. 피크트램이라고 불리는 케이블카에서 다양한 경치를 즐길 수 있다.

관습
모두가 가지고 있는 English Name!

「브라이언! 에밀리!」…어머나? 홍콩인데 마치 유럽과 미국 같은 이름이 들립니다! 사실은 이전에 영국의 식민지였기 때문에, 캐나다와 영국, 미국 등의 국적을 가지고 있는 사람이 많답니다. 그래서 지금도 자유롭게 영국풍의 이름이 모두에게 지어져 있으며, 대부분 그 이름을 서로 부른답니다!

특별행정구

홍콩 시가지와 2층 버스
도로와 차도 위까지 튀어나와 있는 간판이 명물이다. 영국의 영향을 받은 2층 버스도 달리고 있다.

음력설
홍콩 최대의 명절이다. 거리에서는 화려한 용춤을 볼 수 있다.

에그 타르트
타르트 중에 커스터드가 들어 있는 홍콩 과자이다.

파인애플 빵
명물 과자빵이다. 멜론빵과 비슷하게 생겼다.

홍콩 영화
쿵푸와 액션을 담은 영화가 인기를 모았다.

주룽반도

금붕어 거리
봉지에 넣은 금붕어와 열대어가 가게 앞에 진열되어 있다.

홍콩 세븐스
7인제 럭비 대회. 관객들이 맥주를 한 손에 들고 열광한다.

딤섬
중국 요리로, 차슈바오나 새우찜 만두 등의 간단한 식사이다. 먹으면서 천천히 차를 마신다.

황대선묘
카오룽(주룽)
지하철

다 펑 만

심포니오브라이츠
주룽에서 홍콩섬을 바라보는 빅토리아항의 야경과, 고층 건물에서 발사되는 다채로운 레이저가 보는 사람을 매료시킨다.

다위섬(란타오섬)

스타 페리
홍콩섬과 주룽을 연결하는 페리보트. 연간 수천만 명이 이용한다.

552 ▲ 빅토리아 피크
빅토리아 하버
홍콩섬

옹핑 360
편도 약 25분의 로프웨이로 란타오섬의 대자연을 바라볼 수 있다.

라마섬

0 7 14km

드래곤 보트 축제
여름에 세계 각지의 팀이 참가하여 진행된다. 드래곤 보트는 뱃머리에 용의 머리가 장식되어 있다.

남중국해

웡타이신 사원
연간 300만 명의 참배객이 방문하는 홍콩에서 가장 유명한 도교 사원이다.

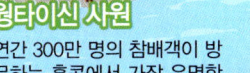

타이완

Taiwan

중국 동남쪽에 있는 타이완섬과 주변 섬들로 이루어진 지역으로, 평지가 적고 산이 많은 타이완 본섬에는 지진이 자주 발생한다. 중국의 일부였지만, 민주 공화제에 의한 자치정부가 세워져, 독립을 요구하는 움직임도 있다.

중국 →p.8

국기 설명: 「청천백일기」라고 부르는데, 파랑은 정의, 흰 태양은 민주주의와 공평성, 빛의 줄기는 12시간을 뜻하며, 진보의 정신을 나타낸다. 올림픽에는 매화꽃을 그린 다른 깃발로 참가한다.

농구
타이완에서 가장 인기 있는 스포츠이다.

DATA
타이완
- 인구: 2349만 명
- 면적: 3.6만㎢
- 인구 밀도: 649명/㎢
- 주요 언어: 중국어, 타이완어
- 주요 종교: 도교, 크리스트교
- 통화: 신 타이완 달러

지우펀의 야경
타이완 북부의 산간 마을. 밤이 되면 좁은 골목에 초롱불이 켜지는 거리는, 영화 「센과 치히로의 행방불명」의 무대 배경이라고 한다.

룽산사(龍山寺)
타이베이에서 가장 역사가 있는 사찰이다. 1년 내내 참배하는 사람들로 붐빈다.

타이베이 101
높이 509.2m인 지상 101층의 초고층 빌딩이다.

동중국해

지우펀(九份)

원소절 축제
음력 1월 15일에 1년 마무리로, 등을 하늘에 날려 새해를 맞이한다. (핑시)

태평양

신베이(新北) 타이베이(臺北) 핑시(平溪)

야구
프로 리그가 있으며, 4팀이 우승을 차지하기 위해 경쟁한다. 농구 다음으로 인기가 있다.

국립 고궁 박물관
약 70만 점의 중국 미술 공예품이 소장되어 있다. (타이베이)

일본 →p.18

아미족 축제
타이완 원주민 가운데 가장 인구가 많으며, 동부의 평지나 해안에 살고 있다. 축제에서는 민족의상을 입고 춤을 춘다.

탁구
세계적으로 활약하고 있는 선수가 많다.

타이중(臺中)

화롄(花蓮)

타이완어로 인사

레이하오
你好.
안녕하세요.

도샤
多謝.
감사합니다.

타이완 고속 철도
타이베이에서 가오슝까지 345km를 최고 속도 300km/h로 이어 준다.

타이 완 산 맥

펑후제도

위샨 ▲3950

루로우판
다진 돼지고기를 맛을 내고, 조린 계란 등을 함께 밥에 담아낸다.

위샨
타이완에서 해발고도가 가장 높다.

우육면
찐 쇠고기가 들어간 면 요리이다.

타이난(臺南)

의식주

타이완의 야시장

매일 밤이 축제날! 그렇게 생각할 정도로 타이베이의 밤은 노점상이 많답니다. 쇼핑도 할 수 있지만, 뭐니 뭐니 해도 돌아다니면서 먹는 것이 즐겁답니다! 샤오룽바오와 면류는 물론, 처우떠우푸라는 식도락가가 찾는 값싼 음식도 있답니다. 처우떠우푸는 이름대로 냄새가 나지만, 조리하면 냄새가 완화되어, 맛있다고 느끼는 사람도 있는 것 같습니다. 타이완에 가면 먹어보고 싶네요!

샤오룽바오(小籠包)
넉넉한 수프와 육즙이 많은 고기를 만두피로 싸서 찐 대표 요리이다.

가오슝(高雄)

용호탑(龍虎塔)
용의 입으로 들어가 호랑이의 입으로 나오면 액땜움을 할 수 있다고 여겨지는 영적인 힘을 얻을 수 있는 탑이다.

남중국해

망고 빙수
빙수 위에 망고를 듬뿍 얹은 타이완의 대표 음식이다.

파인애플 케이크
쿠키 반죽 안에 파인애플 잼이 들어 있는 구운 과자. 선물로 인기가 많다.

0 50 100km

일본

Japan

아시아 동쪽 끝에 있는 입헌 군주국. 일본 열도를 이루는 홋카이도·혼슈·시코쿠·규슈 및 그 부속 도서로 이루어진 섬나라로, 1867년 메이지 유신 이후 자본주의적 군주 국가로서 급속히 발전하였다. 농업과 공업, 전자 산업이 발달하여 경제 수준이 높다.

IOC 코드 JPN Asia

국기 설명: 일장기라고 불리는데, 홍백은 전통적으로 경사로운 일에 쓰이는 색으로, 빨간 원은 떠오르는 태양을 나타낸다.

유도
1964년 일본 도쿄에서 열린 올림픽 대회부터 정식 종목으로 채택되었다.

DATA
일본
- 수도: 도쿄
- 인구: 1억 2699만 명(제10위)
- 면적: 37.8만㎢(제62위)
- 인구 밀도: 336명/㎢(제23위)
- 주요 언어: 일본어
- 주요 종교: 신도, 불교 외
- 통화: 엔

동해

스모
일본 고유의 격투기이며, 국기. 샅바, 상투, 예의범절 등 옛날 그대로의 문화가 잘 남아 있다.

아리타 자기
이마리 자기라고도 한다. 유럽으로 대량 수출되며, 독일의 마이센 자기 등에 영향을 주었다.

원폭 돔
제2차 세계 대전 말에 핵무기에 의해 피폭된 건물로, 당시의 모습 그대로 남아 있다.

후지산과 벚꽃과 신칸센
후지산은 일본 시즈오카현과 야마나시현에 걸쳐 있는 화산으로, 높이가 3776m인 일본의 최고봉이다. 신칸센은 1964년 도쿄올림픽이 개최되었을 때 개통되었다.

후쿠오카 · 히로시마 · 히메지성 · 교토 · 고베 · 오사카 · 시코쿠 · 구마모토 · 아소산 1592 · 규슈 · 가고시마

일본어로 인사
- 곤니찌와 こんにちは。 안녕하세요.
- 아리가도고자이마스 ありがとうございます。 감사합니다.

아소산
세계적인 대 칼데라가 있으며, 웅대한 경관은 관광지가 되었다.

도다이지 대불
나라 시대에 쇼무왕이 도다이지를 건립했다. 대불은 높이 약 15m, 무게 약 500톤이다. (나라시)

후시미이나리 신사
'이나리 신사'의 총본산. 신사 입구에 세운 기둥문이 터널처럼 이어지는 1000개의 기둥문은 신비스런 분위기를 자아낸다. (교토시)

오쿠라산 점프 경기장
1972년에 개최된 동계 올림픽에서 사용된 점프대이다. (삿포로시)

두루미
일본에서는 홋카이도에서만 서식하는 두루미과에 속하는 천연기념물이다.

와지마 칠기
와지마시 특산의 칠기.

삿포로 눈 축제
매년 2월에 삿포로시 오도리공원을 중심으로 개최되는 눈과 얼음 축제.

일본 요리
덴푸라, 스시, 라멘은 외국인 관광객에게 특히 인기가 있다.

Sports
1964년 도쿄 올림픽
1964년에 아시아 최초로 도쿄에서 올림픽이 열렸답니다. 여자 배구는 금메달! 체조와 유도 등을 포함해서 모두 16개 금메달을 획득하였습니다.

가부키
음악과 무용의 요소를 포함하는 일본의 독자적인 고전 연극. 고유한 무대에서 양식화된 연기를 보여 주는 대중적 극 양식으로, 에도 시대에 집대성하였다.

도쿄 스카이 트리
높이 634m인 세계에서 가장 높은 전파 탑. 지상 450m에 전망회랑이 있다.

온천
일본 각지에서 솟아 나오고 있으며, 전국에 3000개 이상의 온천지가 있다.

야구
미국으로부터 전해졌으며, 1936년에 처음으로 프로 리그가 생겼다. 현재 많은 선수가 유명 리그에서 활약하고 있다.

이쓰쿠시마 신사
아키의 미야지마섬에 있는 신사이며, 해상에 건설된 기둥문으로 유명하다.

히메지성
백로가 깃털을 편 것처럼 아름다워 「백로성」이라고도 한다. 1993년에 호류사와 함께 일본에서 처음으로 세계 유산에 등재되었다.

센소지의 가미나리몬(雷門)
628년에 건설된, 도쿄 도내에서 가장 오래된 사원이다. 계절마다 다양한 시장이 열리며, 큰 초롱불이 유명하다.

몽골
Mongolia

동아시아 북서부에 위치하는 내륙국이다. 국토의 대부분이 고원이기 때문에, 키가 작은 건조한 초원이 펼쳐져 있다. 전통적으로 게르에 살며 유목을 하면서 이동하는 생활을 했지만, 최근에는 도시에 정착하는 사람도 증가했다. 유목에 의한 축산과 석탄 등의 풍부한 지하자원으로 경제를 유지하고 있다.

국기 설명: 빨강은 진보와 번영, 파랑은 초원의 푸른 하늘과 충성을 나타낸다. 노란색으로 그려진 것은 불꽃·태양·달 등을 상징하는 「소욤보」라고 불리는 표의문자로, 자유나 주권 등을 의미한다.

흰꼬리수리
몽골의 국조. 이름 그대로 꼬리 꽁지깃이 하얗다.

DATA
몽골
- 수도: 울란바토르
- 인구: 308만 명(제133위)
- 면적: 156.4만㎢(제18위)
- 인구 밀도: 2명/㎢(제197위)
- 주요 언어: 몽골어
- 주요 종교: 불교(티베트 불교)
- 통화: 투그릭

카자흐스탄 →p.58

몽골어로 인사
새응·배노.
Сайн байна уу?
안녕하세요.

탈라르흘라.
Баярлалаа.
감사합니다.

유목민과 게르
유목민은 운반하기 편리한 「게르」라는 이동식 천막집에 살며, 가축의 먹이가 되는 목초를 구하기 위해 이동을 반복한다. 「델」이라는 민족의상은 승마할 때에 다리를 벌리기 쉽다.

후이튼봉
▲4374

마두금(馬頭琴)
유목민족 사이에 오래 전부터 전해 내려오는 2줄의 악기, 현과 활이 말의 털로 이루어져 있다.

그릇(bowl) 댄스
그릇을 머리에 얹는 춤으로, 옛날부터 손님을 대접해 왔다.

러시아
②유럽

에르덴조 사원
몽골 최고 불교 사원. 오르콘강가에 있던 옛 도시 카라코룸에 있다.

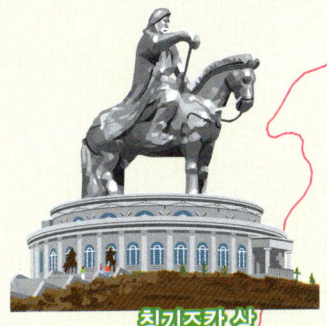

칭기즈칸 상
몽골 제국을 건설한 칭기즈칸의 거대한 기마상, 높이는 40m이며, 내부는 박물관이다. (울란바토르)

마유주
말의 젖을 발효시켜 만든 술의 일종이지만, 알코올 도수가 낮아, 어렸을 때부터 요구르트 느낌으로 마신다.

홉스쿨호
셀렝게강
오논강
○다르항
●울란바토르
카라코룸
한가이산맥
○알타이

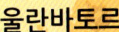

온천
몽골에 화산은 없지만, 각지에서 온천이 솟아 나온다.

간당테그칠렝 사원
1799년에 건설된 몽골 최대 불교 사원. (울란바토르)

호쇼르
밀가루 반죽에 다진 고기를 넣어 만든 음식이다.

수테 차이
야크, 소, 양 등의 젖에 홍차를 넣고 소금과 버터를 넣은 밀크티.

부즈
밀가루 반죽에 다진 고기를 넣어서 찐 몽골식 전통 만두이다.

눈표범
알타이산맥의 고산대에 있는 암벽과 초원에 서식한다.

쌍봉낙타
멸종 위기종으로 지정되어 있으며, 고비 사막의 보호 구역에 서식한다.

달란자드가드○
고비사막

아르갈리
야생 양으로 뿔이 2m에 달하는 것도 있다. 산악 지대에 서식한다.

중국 →p.10

0　250　500km

나담
몽골의 민속 축제로, 보흐(몽골 씨름), 말타기, 활쏘기의 3대 경기가 각지에서 열린다. 보흐는 성인 남성만, 활쏘기는 남녀와 아이 불문하고, 말타기는 9세 이상의 아이만 참가할 수 있다.

Sports

몽골씨름 '보흐'
13세기 칭기즈칸 시대에 널리 보급되었으며, 큰 행사나 마을 축제 때 대회가 열린다. 장화와 반바지에 금속 장식을 한 반소매 조끼를 걸치며 등에 십자 띠를 맨다. 상대의 옷을 잡거나 다리를 걸어 넘어뜨려서 무릎부터 상체가 땅에 닿으면 승부가 결정된다.

베트남
Socialist Republic of Viet Nam

인도차이나반도 동부에 있는 사회주의 공화국이다. 북부와 남부의 평야에서는 벼 농사가 활발하여, 세계 유수의 쌀 생산 및 수출국이다. 프랑스의 식민지가 된 뒤, 1945년에 북부에는 호찌민이 베트남 민주 공화국을 수립하고, 1949년에 남부에는 프랑스의 지원을 받은 베트남 공화국이 성립되어, 전쟁을 벌이다가 1975년에 베트남 공화국이 패망하여 남북이 통일되어, 현재는 경제가 급속히 성장하고 있다.

IOC 코드 **VIE** Asia

국기 설명: 「금성홍기」라고 불린다. 빨강은 사회주의 국가에 공통되는 색이며, 독립혁명과 그로 인해 흘린 피를 나타낸다. 노란 별은 노동자, 농민, 군인, 지식인, 청년의 단결을 상징하고 있다.

축구
2000년에 프로 리그가 생긴 이후 수준이 향상되었다.

DATA
베트남 사회주의 공화국
- 수도: 하노이
- 인구: 9,269만 명(제13위)
- 면적: 33.1만㎢((제66위)
- 인구 밀도: 280명/㎢(제31위)
- 주요 언어: 베트남어
- 주요 종교: 불교, 크리스트교 외
- 통화: 동

하롱베이
크고 작은 3000여 개의 섬들과 기암괴석이 만들어 낸 그림과 같은 풍경으로 인해 「바다의 구이린」이라고 불린다. 크루즈선 관광이 인기가 있다.

의식주

바인미를 매우 좋아한다!

베트남의 도시를 걷다 보면… 여기저기에서 프랑스빵이 팔리고 있는 것을 볼 수 있습니다! 그것을 자세히 보니 무언가 재료를 빵 사이에 끼워 넣은 것 같습니다. 이것은 바인미라고 불리는 샌드위치이며, 점심이나 간식으로 가볍게 사먹습니다. 베트남은 프랑스의 지배를 받았기 때문에 프랑스빵과 프랑스식 건물 등 지금도 영향이 남아 있습니다!

라오스

Lao People's Democratic Republic

인도차이나반도의 중앙에서 동남쪽으로 길게 자리잡은 인민 민주 공화국이다. 1954년에 프랑스로부터 독립한 뒤 내전이 계속되었지만, 현재는 평화가 돌아오고 있다. 벼농사를 중심으로 한 농업이 발달하고, 최근에는 수력 발전도 발달하여, 발전한 전기는 타이 등에 송전한다. 중요한 국가의 수입원이 되고 있다.

국기 설명: 빨강은 독립 전쟁으로 흘린 피, 파랑은 나라의 풍요와 메콩강, 흰색은 평화와 불교를 나타낸다. 흰 원은 메콩강에 떠오르는 보름달을 나타내고, 나라의 빛나는 미래의 상징이라고 한다.

플루메리아
라오스의 국화. 재수가 좋다고 하여 사원의 공물로도 쓰이고, 손님 대접에 쓰인다.

미얀마 →p.30

DATA
라오스 인민 민주 공화국
- 수도: 비엔티안
- 인구: 690만 명(제104위)
- 면적: 23.7만㎢(제82위)
- 인구 밀도: 29명/㎢(제150위)
- 주요 언어: 라오어
- 주요 종교: 불교
- 통화: 키프

전설

메콩강의 전설!

옛날에, 습지에 큰 물뱀 2마리가 사이좋게 살고 있었는데, 어느 날, 사소한 일로 싸움이 시작되었답니다. 그것을 본 신은, 먼저 바다에 도착하는 쪽에게 포상으로 메기를 주겠다고 말했답니다. 몹시 화가 나 있던 한 마리가 구불구불 기어가서 다른 한 마리보다 먼저 바다에 도착했는데, 도착한 그 자리에 메콩강이 생겼답니다. 이렇게 해서 메콩강에는 메기가 서식하게 되었다고 합니다.

탓루앙 축제
라오스를 대표하는 불탑에서, 11월 보름에 불교도의 축제가 열린다. 광대한 사원의 광장은 각지에서 모인 승려와 신자로 북적이고, 탁발과 독경회가 열린다. (비엔티안)

캄보디아
Kingdom of Cambodia

IOC 코드 **CAM** Asia

인도차이나반도 남부에 있는 국가로 메콩강과 톤레사프호 주변의 평야가 국토의 40%를 차지한다. 9세기경 인도차이나반도의 대부분을 지배하는 크메르 왕조가 성립되었고, 그 시대의 유적이 인기가 있다. 1970년부터 20년 넘게 계속된 내전이 종결된 후로, 경제 부흥 지원을 받으며 경제 성장을 계속하고 있다.

국기 설명: 파랑은 왕실의 권위, 빨강은 국민의 충성심, 흰색은 불교를 의미한다. 중앙에는 나라의 상징으로 여겨지는 세계 유산 앙코르 와트가 그려져 있다.

보카토
프랑스 식민지 시대에 쇠퇴한 전통 무술로, 21세기에 부활하여, 급속히 확산되었다.

야목
민물고기와 닭고기, 야채와 코코넛을 넣은 약간 단 카레 요리이다.

쿠이타우
쌀로 만든 국수를 돼지뼈로 육수를 낸 국물과 많은 재료를 넣어 먹는다. 아침식사로도 이용된다.

DATA
캄보디아 왕국
- 수도: 프놈펜
- 인구: 1,540만 명(제69위)
- 면적: 18.1만 km²(제88위)
- 인구 밀도: 85명/km²(제95위)
- 주요 언어: 캄보디아어 (크메르어)
- 주요 종교: 불교
- 통화: 리엘

캄보디아어(크메르어)로 인사
- 쭘립쑤어 ជំរាបសួរ 안녕하세요.
- 어꾼 អរគុណ 감사합니다.

앙코르 와트
12세기 초에 건설된 힌두교 사원. 현재는 이곳에서 불교 승려들이 기도를 올린다.

앙코르 톰
12세기 후반에 만들어진 성채 도시 유적이다. 3km 서쪽의 성벽 속에 왕궁, 불교 사원, 힌두교 사원 등이 있다. 보살의 얼굴을 새긴 건축이 눈을 끈다.

관습

1년에 3번이나 오는 설날!

1월 1일의 설날, 중국 등에서 기념하는 음력 설날, 또 하나는? 사실, 캄보디아에는 4월에 「크메르 설날」이라는 것이 있는데, 여신이 내려오는 날에 새해를 맞이한다고 합니다. 어느 설날이나 즐겁게 보내고 있지만, 이 크메르 설날을 가장 중요하게 여기고 있습니다. 절에 참배하는 것은 물론, 라이브 콘서트나 전통 무용을 선보이는 등 분위기가 고조됩니다!

타이 →p.28

라오스 →p.24

배구
옥외 경기장이 여기저기 있으며, 즐거운 모습을 볼 수 있다.

앙코르 톰
앙코르 와트
시엠레아프
바탐방

전쟁박물관
전쟁이나 내전에서 사용된 전차와 바주카포(대전차 로켓포), 지뢰 등의 무기가 전시되어 있다. (시엠레아프)

토우크토우크
오토바이 뒤에 인력거의 좌석이 달려 있는 교통수단이다.

수상 주택
톤레사프호는 우기와 건기에 수심이 9m나 차이가 나기 때문에, 집은 지면에 세운 기둥 위에 높게 짓는다. 우기에는 보트로 이동한다.

톤레사프호

올드마켓
일용품에서 토산물까지 갖추어진 마켓이다. 가격은 모두 협상제이다. (시엠레아프)

쌀

퐁티아쿤
부화 직전인 집오리의 삶은 계란을 쪼개고, 여기에 소금과 후추로 맛을 내어 라임 등과 함께 먹는 일상적인 음식이다.

베트남 →p.22

실버 파고다
수도 프놈펜에 위치한 불교사원이다. 바닥에 5000장 이상의 은타일이 깔려 있는 것이 이름의 유래가 되었다.

캄퐁참
메콩강
프놈펜

그림자극
쇠가죽을 오려 내어 만든 인형을 스크린에 형상을 비추어, 음악이나 대사에 맞추어 조종한다. (시엠레아프)

망고
매우 달고 진한 맛이 난다. 주로 평야에서 재배되고 있다.

타이만

시아누크빌 (콤퐁솜)

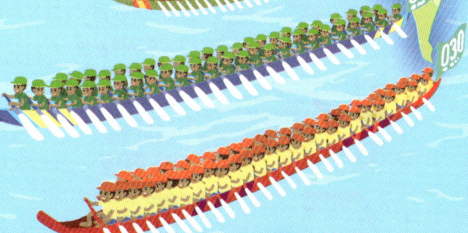

물 축제
우기가 끝나는 것을 축하하는 국내 최대의 축제로, 메인 이벤트인 보트 레이스에서는 약 300척의 보트, 약 2만 명의 선수가 참가한다. (프놈펜)

황금 실크
누에가 먹는 잎에 황금빛 색소가 포함되어 있기 때문에 생사가 황금빛이 되어, 아름다운 황금 실크가 만들어진다.

아프사라스 무용
오래전부터 전해지는 궁중 무용으로 신에 대한 기도로 바쳐진다. 뒤로 젖혀진 손과 손가락의 움직임이 특징이다.

0　70　140km

타이

Kingdom of Thailand

인도차이나반도 중앙에서 말레이반도 북부에 위치하는 국가이다. 차오프라야강 하구에서는 벼농사가 활발하며, 플랜테이션 작물인 천연고무와 함께 주요 수출품이다. 자동차 제조를 중심으로 공업화가 진행되고 있다. 구왕조의 유적과 수상 시장 등의 관광자원도 경제를 지탱하고 있다.

IOC 코드 THA Asia

국기 설명: 「똥 · 트라이롱(삼색기)」이라고 불리며, 파랑은 국왕, 빨강은 국가와 국민을 나타낸다. 흰색은 국민의 대부분이 신봉하는 불교를 나타내고, 신의 사자로 여겨지는 하얀 코끼리가 그 유래이다.

무에타이
타이의 국기로, 펀치, 킥, 팔꿈치 치기, 무릎으로 차기 등으로 공격하는 격투기이다. 킥복싱보다 역사가 오래되었다.

DATA
타이 왕국
- 수도: 방콕
- 인구: 6,593만 명(제20위)
- 면적: 51.3만㎢(제50위)
- 인구 밀도: 128명/㎢(제65위)
- 주요 언어: 타이어
- 주요 종교: 불교
- 통화: 바트

타이어로 인사

- 싸왓디-카(여성) สวัสดีค่ะ 안녕하세요.
- 싸왓디-크랍(남성) สวัสดีครับ 안녕하세요.
- 킵쿤카(여성) ขอบคุณค่ะ 감사합니다.
- 킵쿤캅(남성) ขอบคุณครับ 감사합니다.

코끼리의 날
3월 13일로 제정되어 있으며, 각지에서 여러 가지 행사가 열린다. 옛 수도 아유타야에서는 코끼리 조련사가 코끼리에 올라타서 싸우거나, 코끼리에게 특별한 과일이나 야채를 대접하며 행운을 기원한다.

미얀마

Republic of the Union of Myanmar

인도차이나반도 서쪽에 위치하는 남북으로 가늘고 긴 국가이며, 열성적인 불교도가 많은 것으로 알려져 있다. 원래의 국명은 버마였지만, 1989년에 미얀마로 변경했다. 미국과 유럽 국가들의 재제에 의해 경제가 침체되었지만, 민주화가 진행되고 있는 현재는 천연가스 수출이 증가하여 회복되고 있다.

IOC 코드 **MYA**

국기 설명: 노랑은 단결, 초록은 풍부한 자연과 평화, 빨강은 용기와 결단력을 의미하며, 중앙의 하얀 별은 나라의 통일을 나타낸다. 2010년에 제정된 새 국기로, 민주화를 추진할 뜻을 나타낸 것이다.

축구
축구가 가장 인기가 있으며, 젊은이들은 광장이나 공터 등에서 경기를 즐긴다.

쉐다곤 파고다
양곤의 황금 불탑(파고다). 대표적인 불교 사원으로, 1년 내내 참배객으로 붐빈다. 약 2500년 전에 석가의 머리카락을 안치한 것이 기원이라고 한다.

빠다우 빤
미얀마의 국화로 4월에 꽃이 피고, 금빛 꽃에서 향긋한 향기가 난다.

DATA
미얀마 연방 공화국
- 수도: 네피도
- 인구: 5,291만 명 (제25위)
- 면적: 67.7만㎢ (제39위)
- 인구 밀도: 78명/㎢ (제100위)
- 주요 언어: 미얀마어
- 주요 종교: 불교
- 통화: 챠트

미얀마어로 인사
- 밍갈라바 — 안녕하세요.
- 쩨주 띤 바대 — 감사합니다.

말레이시아

Malaysia

IOC 코드 MAS Asia

말레이반도 남부와 보르네오섬 북서부에 위치하는 국가이다. 열대림이 국토의 60%를 차지하며, 귀중한 동식물이 서식한다. 중국과 인도를 연결하는 항로 사이에 위치하여, 14세기~15세기에는 해상무역으로 번영했다. 국교는 이슬람교이지만 말레이계 사람들 외에, 중국계, 인도계 등으로 이루어진 다민족 국가이기 때문에 종교는 자유이다.

국기 설명: 노란색의 초승달은 이슬람교를 상징하고, 빨간색은 용기를, 흰색은 깨끗함을, 노랑은 왕실의 로열 컬러를 나타낸다. 가로 줄무늬는 말레이시아를 구성하는 13개 주와 연방 정부를 나타낸다.

DATA

말레이시아
- 수도: 쿠알라룸푸르
- 인구: 3,166만 명 (제41위)
- 면적: 33.0만 km² (제67위)
- 인구 밀도: 96명/km² (제85위)
- 주요 언어: 말레이어
- 주요 종교: 이슬람교, 불교
- 통화: 링깃

카메론 하이랜드
말레이시아를 대표하는 고원 리조트이다. 영국 식민지 시대 때부터 홍차 생산이 활발하다.

아쌈 락사
생선 국물에 신맛이 나면서 매운 수프가 특징인 국수이다. 락사는 어디에서나 먹을 수 있지만, 지역에 따라 재료와 양념이 다르다.

뇨냐 락사
믈라카의 명물로, 코코넛밀크 맛이 나는 카레 라면이다.

페트로나스 트윈 타워
1998년에 완성된 높이 452m의 초고층 빌딩이다. 한 동은 대한민국의, 또 한 동은 일본의 회사에 의해 건설되었다. (쿠알라룸푸르)

히비스커스와 말레이호랑이
히비스커스는 국화, 말레이호랑이는 강인함과 용기를 상징하며, 스포츠의 팀명이나 유니폼 디자인 등에 많이 쓰인다.

말라카 크리스트교회

말라카의 중심에 세워진 교회이다. 1753년, 통치하고 있던 네덜란드의 벽돌을 사용하여 건축한 것이다.

세팍 타크로
세팍은 말레이어로 「차다」라는 의미가 있다. 학교의 체육 수업이 될 정도로 중요한 스포츠이다.

배드민턴

중국과 나란히 세계의 톱클래스이다.

지도: 타이 →p.28, 코타바하루, 조지타운, 피낭섬, 이포, 카메론 하이랜드, 말레이반도, 쿠알라룸푸르, 믈라카해협, 믈라카(말라카), 조호르바루, 싱가포르 →p.34

말레이시아어로 인사

슬라맛뚱아하리.
Selamat tengah hari.
안녕하세요.

뜨리마까시.
Terima kasih.
감사합니다.

필리핀 →p.38

키나발루 자연공원
말레이시아 최고봉인 키나발루산을 중심으로 하는 자연공원이다.

키나발루산 ▲4095
코타키나발루
세피로크

라플레시아
동남아시아의 열대우림에 분포한다. 직경 1m, 무게가 10kg이나 되는, 「세계에서 가장 큰 꽃」이라고 한다.

남중국해

브루나이 →p.36

기름야자
1970년경부터 농원 개발이 진행되어, 현재 기름야자에서 추출되는 팜유의 생산은 세계에서 1, 2위를 다툰다.

보르네오섬※
(칼리만탄섬)

오랑우탄
보르네오섬과 수마트라섬 일부에만 서식하고 있으며, 세피로크에 보호 시설이 있다.

파파야
국민 과일이다. 계절에 관계없이 1년 내내 언제나 얻을 수 있다.

쿠칭

술탄 궁전 박물관
조호르주의 초대 술탄이었던 아부바카르의 궁전이다. 현재는 박물관이 되었다.
(조호르바루)

코주부원숭이
보르네오섬에만 서식하고 있다. 긴 코와 큰 배가 특징이며, 수컷의 코는 해가 갈수록 커진다.

나시르막
코코넛밀크로 지은 밥에 멸치와 삶은 달걀 등을 곁들이고, 매콤한 소스를 넣어 먹는다. 아침식사의 대표적인 메뉴이다.

적도

인도네시아 →p.40

동식물

씨가 있는 바나나?
바나나에 씨 같은 건 없다! 라고 생각하지만, 사실은 원래 바나나는 검은 씨가 있었답니다! 모두가 먹고 있는 바나나는 갑자기 돌연변이가 되어 씨가 없어졌다고 합니다. 바나나의 원산지는 말레이 반도 부근이라고 하는데, 말레이시아에서는 야생의 씨 있는 바나나가 아직도 존재하고 있답니다! 씨가 많아 먹기 어렵겠네요.

조겟
가장 인기 있는 전통 무용이다. 향신료 무역 시대에 전해진 포르투갈의 포크댄스에서 유래한 것이다.

0 150 300km

※말레이시아와 브루나이에서는 보르네오섬, 인도네시아에서는 칼리만탄섬으로 불린다.

싱가포르
Republic of Singapore

IOC 코드 SIN Asia

말레이반도의 남쪽 끝에 위치하는 본섬과 많은 작은 섬으로 이루어진 도시국가로, 1965년에 말레이시아에서 분리 독립했다. 중국계, 말레이계, 인도계 사람 등 다민족으로 이루어진 국가이다. 영국의 식민지 시대부터 해운업을 발달시켰고, 현재는 하이테크 산업과 금융업도 성장하여, 동남아시아 경제의 중심지이다.

국기 설명: 빨강은 우호와 평등, 흰색은 순결과 미덕을 나타낸다. 별은 자유·정의·평등·평화·발전의 5가지 이상의 진전을 의미하며, 그것을 지탱하는 초승달은 새로운 국가로서의 젊음과 기세를 나타낸다.

크리켓
전용 경기장이 있으며, 선수는 인도계의 사람이 많다.

DATA
싱가포르 공화국
- 수도: 싱가포르
- 인구: 560만 명(제111위)
- 면적: 719㎢(제176위)
- 인구 밀도: 7799명/㎢(제2위)
- 주요 언어: 영어, 중국어, 말레이어, 타밀어
- 주요 종교: 불교, 크리스트교, 이슬람교
- 통화: 싱가포르 달러

영어로 인사
헬로 Hello. 안녕하세요.
땡큐 Thank you. 감사합니다.

말레이시아 / 여기 / 인도네시아

머라이언상과 마리나 베이 샌즈
머라이언은 상반신은 라이온, 하반신은 물고기 상이며, 싱가포르의 상징이다. 마리나 베이 샌즈는 카지노를 중심으로 한 오성급 호텔이며, 3동에 걸쳐 있는 객선 같은 형태를 한 공중정원이 눈을 끈다.

주롱섬

스리 마리아만 사원
차이나타운의 한가운데에 세워진 힌두교 사원이다. 예전에는 인도인 거리였다.

말레이시아
→p.32

아랍 스트리트
술탄 모스크를 중심으로 융단이나 포목점이 늘어서 있으며, 이슬람교도가 왕래한다.

카라바오 로드
인도인이 공동체를 만든 것이 시초라고 하는 리틀 인디아의 한 모퉁이에 색깔이 다채로운 건물이 늘어서 있다.

수도관 — 말레이시아에서 물을 구입하고 있다.

호카즈
정부가 관리하는 포장마차 마을로, 싱가포르풍 볶음국수인 호켄미와 치킨라이스 등을 간단히 먹을 수 있다.

화이트 타이거
싱가포르 동물원에서는, 화이트 타이거와 구름표범, 바다소 등 희귀 동물을 볼 수 있다. 나이트 사파리도 인기가 있다.

우빈섬

테콩섬

싱가포르섬

창이 국제공항
동남아시아의 허브 공항(거점 공항)이다. 버터플라이 가든과 예술적인 오브제의 전시, 영화관, 수영장 등의 시설이 갖추어져 있으며, 세계에서 제일 쾌적한 공항이라고 한다.

탁구
인기 있는 스포츠로, 올림픽 경기에서 메달을 획득한 적도 있다.

축구
S리그가 있으며, 10개 팀이 있다.

카라바오 로드 · 아랍 스트리트
래플스호텔 · 싱가포르 플라이어
스리 마리아만 사원 ·
머라이언상 · 마리나 베이 샌즈
싱가포르항 ·

센토사섬

컨테이너 항구
싱가포르항은 아시아와 유럽을 연결하는 중계지로, 컨테이너의 중요한 환적지가 되고 있다.

싱가포르 플라이어
높이 165m, 일주하는 데 30분이 걸리는 아시아 최대의 관람차이다.

래플스호텔과 하이 티(high tea)
영국의 식민지였기 때문에 홍차를 마시게 되었고, 그중에서도 최고급 호텔인 래플스호텔의 하이 티가 유명하다.

정치

껌을 씹어서는 안 됩니다!?

대한민국에서 산 껌을 그대로 싱가포르에 가지고 가면… 앗! 벌금!? 사실은 국내를 깨끗하게 유지하기 위해, 쓰레기를 함부로 버리거나 거리를 더럽히는 행위에 대해 엄하게 벌금이 부과되고 있으며, 껌을 씹다가 버리는 것만으로도 수십만 원이 부과된답니다. 애당초 국내에서 파는 것도, 가지고 들어오는 것도 금지되어 있다고 합니다! 그것이 도로에 쓰레기가 하나도 떨어져 있지 않은 이유랍니다.

인도네시아
→p.40

0 — 5 — 10km

브루나이

Brunei Darussalam

보르네오섬의 서북부 해안에 위치하며, 남중국해에 면한 작은 국가이다. 오래 전부터 교역지로서 번영하였고, 이슬람 문화를 기반으로 하는 왕정이 유지되어 왔다. 석유와 천연가스가 산출되며, 그 수출에 의해 높은 경제 수준과 충실한 복지 정책이 유지되고 있다.

국기 설명: 노랑으로 왕실을, 흰색과 검은색 줄무늬로 장관을 나타낸다. 중앙의 국장은 번영과 평화 등을 나타내는 상징이며, 아래쪽에는 아랍어로 국명과 「항상 신의 가호가 있기를」이라고 쓰여 있다.

민족의상
남성은 바주 말라유라는 무늬가 없는 단색 옷에 허리띠를 한 것이, 여성은 바쥬크론이라는 긴 소매와 긴 치마에, 스카프를 두른 것이 일반적이다.

DATA
브루나이 다루살람
- 수도: 반다르스리브가완
- 인구: 41만 명(제168위)
- 면적: 0.6만㎢(제164위)
- 인구 밀도: 72명/㎢(제108위)
- 주요 언어: 말레이어
- 주요 종교: 이슬람교
- 통화: 브루나이 달러

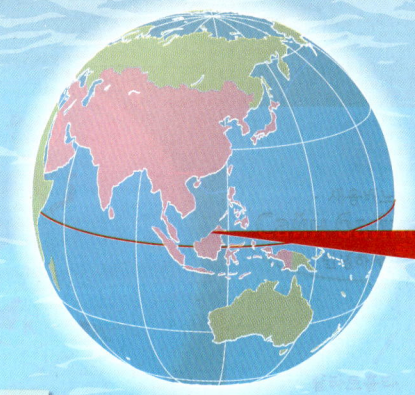

말레이어로 인사

슬라맛 뜽아하리
Selamat tengah hari.
안녕하세요.

뜨리마 까시
Terima kasih.
감사합니다.

술탄 오마르 알리 사이푸딘 모스크
브루나이를 대표하는 모스크이다. 일반적으로 「올드 모스크」라고 불린다. 모스크 앞에는 물가가 펼쳐져 있는데 16세기 왕실 배의 복제품이 떠 있다.
(반다르스리브가완)

필리핀
Republic of the Philippines

태평양에 있는 7,100여 개의 섬으로 이루어진 공화국이다. 화산이 많으며, 온천이나 지열 발전을 볼 수 있다. 에스파냐와 미국의 지배를 받았기 때문에 크리스트교도가 많으며, 아시아의 생활양식에 미국과 유럽의 영향이 혼합된 문화를 볼 수 있다. 바나나와 파인애플 등 열대 과일 재배가 활발하다.

국기 설명: 흰색은 평화, 파랑은 높은 정치 목표, 빨강은 용기를 의미하고, 하얀 삼각형과 태양은 자유의 상징이다. 태양 광선은 독립적으로 일어선 여덟 개의 주, 별은 루손섬·민다나오섬·비사야 제도를 나타낸다.

복싱
약 40여 명의 챔피언을 배출했다.

DATA
필리핀 공화국
- 수도: 마닐라
- 인구: 1억 324만 명(제12위)
- 면적: 30.0만㎢(제72위)
- 인구밀도: 344명/㎢(제22위)
- 주요 언어: 필리핀어, 영어
- 주요 종교: 크리스트교(가톨릭)
- 통화: 필리핀 페소

스쿠버다이빙
국내에는 다이빙 경기가 많으며, 그중에서도 세부섬은 아름다운 산호초가 널리 분포되어 있어, 고래상어, 흰동가리, 전갱이와 정어리 떼, 가오리 무리를 볼 수 있기 때문에, 전 세계의 다이버가 모인다.

필리핀어로 인사

마간당 아라오
Magandang araw po.
안녕하세요.

살라맛 포
Salamat po.
감사합니다.

필리핀 독수리
날개를 펴면 2m에 달하는 세계에서 가장 큰 독수리로, 원숭이 등의 동물을 먹는다. 필리핀의 국조이다.

나라의 자랑

필리핀에서 영어 유학!?
필리핀에서는 필리핀어를 사용하고 있지 않나요?…라고 생각하겠지만, 영어도 공용어로 되어 있으며, 영어를 말하는 사람은 미국·인도 다음으로 많다고 합니다! 영어 유학을 한다면 유럽과 미국이나 오스트레일리아 등의 이미지가 강하지만, 다른 나라보다 물가나 수업료가 싼 필리핀이 인기가 급상승하고 있답니다.

코르딜레라스의 계단식 논
루손섬 중앙 산악지대에 있으며, 세계 최대 규모의 계단식 논이다.

레촌
새끼 돼지 통구이로, 농작물의 수확을 축하하는 수확제 등의 행사에 없어서는 안 되는 전통요리이다.

지프니
트럭을 개조하여, 화려한 장식을 붙인 버스이다.

태 평 양

트라이시클
오토바이에 보조좌석을 설치한 삼륜 대중 교통수단이다.

카다야완 사 다보
매년 8월에 다바오에서 열리는 수확제이다. 발로 쿵쿵거리며 춤추는 댄스와 과일과 꽃으로 장식한 퍼레이드가 볼거리이다.

남중국해

산 아구스틴 교회
17세기 초에 완성된 필리핀에서 가장 오래된 석조 교회이다. (마닐라)

바기오○
루손섬
피나투보산 1486▲
마닐라●─케손시티

민도로섬

▲2462 마욘산

사마르섬
로하스○
비사야 제도
파나이섬
레이테섬
세부섬
보홀섬

초콜릿 힐즈
높이 30m 정도의 원뿔형 언덕이 100개 이상 늘어서 있다. 건기가 되어 풀이 초콜릿색으로 시드는 모습이 유명하다. (보홀섬)

당구
당구대를 설치한 가게가 마을 전체에 있어, 어른도 아이도 열중한다.

팔라완섬

네그로스섬

안경원숭이
보홀섬에 서식하는 몸길이 12cm, 체중 120g 정도의 세계에서 제일 작은 원숭이이다.

민다나오섬
아포산 2938▲ 다바오
○삼보앙가

농구
미국의 식민지였던 영향으로 인해, 도처에서 경기를 한다. 프로리그는 NBA 다음가는 역사를 가진다.

시눌룩 축제
16세기에 마젤란에 의해 세부섬에 들여온 산토니뇨상(아기 예수상)이 거듭되는 전쟁 중에도 흠이 생기지 않기 때문에, 이 상을 축복하는 축제로 발전시켰다.

할로할로
필리핀어로 혼합이라는 의미이다. 빙수에 과일과 아이스크림을 올린다.

열대과일
대한민국에 수입되는 많은 바나나가 필리핀산이다. 파인애플도 세계 유수의 생산지이다.

말레이시아 →p.32

0 150 300km

39

인도네시아

Republic of Indonesia

IOC 코드 INA Asia

동남아시아의 남동부에 있는 13000개 이상의 섬들로 이루어져 있으며, 350 이상의 민족 집단이 살고 있는 다민족 국가로, 대부분 이슬람교를 믿고 있다. 17세기부터 네덜란드의 지배가 시작되었으며, 향신료 무역으로 번영했다. 1945년 네덜란드에서 독립하였다. 현재는 자전거 등의 제조업과 팜유의 수출로 경제를 유지하고 있다.

국기 설명: 13세기 말에 자와섬을 다스린 왕조의 상징으로 사용된 색상으로 빨간색은 용기와 열정, 흰색은 진실과 결백을 나타낸다. 빨간색과 흰색의 배색은 모나코와 동일하지만 가로 세로 비율이 다르다.

배드민턴
가장 인기 있는 스포츠이며 세계적인 강국이다.

DATA
인도네시아 공화국
- 수도: 자카르타
- 인구: 2억 5870만 명(제4위)
- 면적: 191.1만㎢(제15위)
- 인구 밀도: 135명/㎢(제60위)
- 주요 언어: 인도네시아어
- 주요 종교: 이슬람교, 크리스트교
- 통화: 루피아

여기

베트남 →p.22

파당의 전통 가옥
나무 말뚝을 기초로 하여 못은 사용하지 않고 만들어졌으며, 야자나무 잎으로 지붕을 이은 급경사 지붕이 특징이다.

말레이시아 →p.32

싱가포르 →p.34

메단

수마트라섬

파당

수마트라코끼리
인도코끼리, 실론코끼리와 함께 수마트라섬에 서식하는 아시아코끼리의 한 무리이다.

쌀

팔렘방

자 와 해

인 도 양

케착 댄스
발리섬의 전통 무용에서 탄생한 댄스인데. 수십 명의 남자들이 원형으로 둘러 앉아 「착착」이라고 합창하며, 그것에 맞춰 각종 공연을 펼친다.

이수티크랄 모스크
자카르타에 있는 동남아시아 최대 규모의 거대 모스크이다.

자카르타
자와섬
보로부두르

스쿠버다이빙
발리섬을 비롯해, 전 세계의 다이버가 동경하는 곳이 많이 있다.

나시고랭
대표적인 요리이며, 우리나라의 볶음밥과 비슷하다.

인도네시아어로 인사

Selamat siang.
슬라맛 시앙
안녕하세요.

Terima kasih.
뜨리마 까시
감사합니다.

의식주

이슬람교의 「할랄」

아랍어로 「합법」을 의미하는 할랄. 이슬람교도는 성전 쿠란(코란)에서 돼지고기와 술 먹는 것을 금지하고 있기 때문에, 음식이나 화장품 등에서 그 성분을 사용하고 있지 않다는 것을 할랄 마크로 알려주고 있답니다! 대한민국도 할랄을 취득한 식품을 이슬람교도가 많은 인도네시아에서 판매하고 있답니다. 게다가, 대한민국 국내에서도 취급하는 상점이 증가하고 있답니다.

사테

인도네시아풍의 꼬치구이 요리이다. 달고 매운 땅콩 소스 양념장을 곁들이는 것이 일반적이다.

와양 쿨릿

소가죽으로 만든 인형을 사용한 그림자 연극이다. 사원이나 궁중을 중심으로 공연된 역사가 있다.

기름야자
기름야자에서 추출되는 팜유의 생산은 세계에서 제일이다. 주로 칼리만탄섬과 수마트라섬에서 재배된다

브루나이 →p.36

토라자족의 집
술라웨시섬의 바다에서 떨어져 있는 해발고도 1000m의 고지에 사는 토라자족의 집은 배 모양을 하고 있다.

자전거

도로를 점령할 정도로 자전거의 교통량이 많다.

칼리만탄섬※ (보르네오섬)

오랑우탄
인도네시아에서는 칼리만탄섬과 수마트라섬에서만 서식한다.

술라웨시섬

적도

파푸아 뉴기니
⑤오세아니아

자야산 ▲4884

뉴기니섬

말루쿠 제도(몰루카 제도)

코모도왕도마뱀
코모도섬과 린차섬에 서식한다. 몸길이 3m, 체중은 100kg 이며, 어금니와 독으로 대형 동물도 죽인다.

마카사르

○수라바야
발리섬
프람바난
코모도섬

동티모르 →p.42

티모르섬

서핑
어느 곳에서나 서핑을 즐길 수 있다.

프람바난

세계 최대급의 힌두교 사원 유적이다. 예전에 200개가 넘는 사당(조상의 신주를 모셔 놓은 곳)이 있었다고 하지만, 현재는 18개의 사당이 재건되어 있다.

보로부두르

세계 최대급의 불교 사원 유적이다. 1000년 동안 밀림 속에서 화산재에 묻혀 있었지만, 1814년에 발견되었다.

0　　400　　800km

오스트레일리아
⑤오세아니아

※인도네시아에서는 칼리만탄섬, 말레이시아와 브루나이에서는 보르네오섬이라고 한다.

동티모르

Democratic Republic of Timor-Leste

IOC 코드 **TLS** Asia

티모르섬 동부에 위치한 공화국이다. 포르투갈에서 독립한 이후 인도네시아의 지배를 받았기 때문에 오랫동안 독립투쟁이 이어졌지만, 국제적인 협력을 받아 21세기 최초의 독립국가가 되었다. 수출품으로 석유·천연가스 외에 커피 재배에도 힘을 쏟고 있다.

국기 설명: 검정은 암흑의 식민지 시대, 노랑은 독립을 위한 투쟁, 빨간색은 피의 희생, 그리고 하얀 별은 평화로운 미래에 대한 희망을 나타낸다. 독립운동 때 쓰였던 깃발이 그대로 2002년 독립 당시의 국기가 되었다.

축구
국민적인 스포츠이다.

크리스토 레이
딜리시 교외의 언덕 위에 세워진 높이 27m의 세계에서 두 번째로 큰 예수상. 오랫동안 포르투갈의 점령이 계속되었기 때문에 크리스천이 많다.

DATA
동티모르 민주 공화국
- 수도: 딜리
- 인구: 132만 명 (제151위)
- 면적: 1.5만 km² (제154위)
- 인구 밀도: 88명/km² (제93위)
- 주요 언어: 포르투갈어, 테툼어
- 주요 종교: 크리스트교(가톨릭)
- 통화: US 달러

인도네시아 / 여기 / 오스트레일리아

판트마카사르

● 21세기에 독립한 국가 ●

연도	국명	어디로부터
2002	동티모르	인도네시아
2006	세르비아	세르비아·몬테네그로
2006	몬테네그로	세르비아·몬테네그로
2008	코소보	세르비아(미승인)
2011	쿡제도	뉴질랜드
2011	남수단	수단

타이스
타이스는 손으로 짠 전통적인 직물로 의장, 가방, 도구 등에 쓰이며, 토산품으로 판매되고 있다.

수공예품
여성들이 개발한 야자나무 잎을 가지고 손으로 짠 바구니와 이어링 등이 특산품이 되어 있다.

테툼어로 인사
- **Boa tarde.** 보아따르지 / 안녕하세요.
- **Obrigadu.** 오브리가도 / 감사합니다.

산타크루스 묘지
동티모르 독립운동 때에 인도네시아군에 의해 살해된 많은 희생자가 매장되어 있다. (딜리)

스쿠버다이빙
늘 따뜻하기 때문에 1년 내내 다이빙을 할 수 있으며, 손상되지 않은 바다의 아름다움을 볼 수 있다.

아타우루섬

투투알라
자쿠섬

박소
고기 완자 수프인데, 두부와 완탕, 노란 면 등과 함께 넣어 먹는다.

●딜리

트레킹
초원과 고산이 있어 트레킹에 최적이다. 특히 제일 높은 타타마일라우산은 2960m로 등반할 만한 가치가 있다.

바우카우

투르 드 티모르
산악지대를 포함하여 전체 길이 약 420㎞의 코스를 달린다.

▲2960
타타마일라우산

티모르섬

인도네시아
→p.40

숲속의 시장
도로를 따라 늘어서 있는 가게에서는 일용품이 판매되고 있다.

투계(닭싸움)
서민이 가장 즐기는 오락이며, 남자들이 자랑스러워하는 닭을 싸우게 하여 분위기를 고조시킨다.

티 모 르 해

전설
악어에서 탄생한 섬?
옛날 옛적에 악어를 구한 소년이 있었는데, 함께 여행을 하고 있었답니다. 그 악어가 배가 고팠을 때, 소년을 먹을까 말까 고민한 끝에, 먹지 않고 티모르섬이 되었다… 고 하는 전설이 있답니다. 그래서 악어는 신성한 동물로 취급되고 있으며, 지금도 사람과 공존하고 있답니다. 때로는 위험한 일도 있지만, 악어를 죽여서는 절대로 안 된다고 합니다!

커피 재배
산악 지대에서는, 많은 강수량과 밤낮의 온도 차 등을 이용하여 커피 재배가 활발하다. 국민의 약 1/4은 커피와 관련된 일을 하고 있다.

0 40 80km

43

인도
India

남쪽은 데칸고원, 북쪽은 히말라야산맥, 서쪽은 타르사막(대인도사막), 동쪽은 힌두스탄평원으로 변화가 많은 지형을 볼 수 있다. 옛날부터 문명이 번성하고, 불교가 탄생된 국가이지만, 현재는 많은 사람이 힌두교도이다. 차와 면화 재배를 비롯해 농업이 활발하며, 최근에는 ICT 산업과 공업이 눈부시게 발전하고 있다.

IOC 코드 IND Asia

국기 설명: 오렌지색은 힌두교 또는 용기와 희생, 녹색은 이슬람교 또는 공평과 기사도, 흰색은 두 종교의 화해와 평화를 나타낸다. 중앙에는 불교의 상징으로 여겨지는 법륜이 그려져 있다.

크리켓
가장 인기 있는 스포츠로 프로 리그가 있으며, 선수는 슈퍼스타이다.

아프가니스탄 →p.74

DATA
인도
- 수도: 뉴델리
- 인구: 12억 1337만 명(제2위)
- 면적: 328.7만㎢(제7위)
- 인구 밀도: 369명/㎢(제20위)
- 주요 언어: 힌디어 등 21개 언어
- 주요 종교: 힌두교, 이슬람교
- 통화: 인도 루피

여기

의식주

인도인이라고 하면 터번?
때로는 대한민국에서 인도를 형상화하는 캐릭터가 터번을 두르고 있는 것을 볼 수 있지만, 사실은 「시크교」 사람들의 모습이라고 합니다! 시크교는 힌두교와 이슬람교가 섞인 종교로, 남성은 수염이나 머리카락을 기르는 관습이 있었답니다. 그래서 모두 터번을 두르고, 머리를 가지런히 하고 있는 것이랍니다!

타지마할
무굴제국의 황제가, 죽은 황후를 위해 22년에 걸쳐 세운 흰 대리석 묘당(제사 지내는 곳)으로, 인도 이슬람 건축의 최고봉으로 불린다.

사리
힌두교도의 여성이 입는 의상이다. 길이가 5~11m인 한 장의 천을 허리부터 감아 두르고, 끝부분을 어깨에 두르거나, 머리에 덮어씌워 입는다.

스리랑카

Democratic Socialist Republic of Sri Lanka

19C 코드 **SRI**

인도 동남쪽에 있는 섬으로 이루어진 공화국이다. 예전에는 국명이 실론이었지만, 영국에서 독립한 후, 「눈부시게 빛나는 섬」이라는 의미인 현재의 국명으로 개칭했다. 신할리즈족과 타밀족의 대립에 의한 내전이 계속되었지만, 현재는 평화를 되찾고, 차와 천연고무 등을 중심으로 한 농업국이 되었다.

국기 설명: 검을 가진 사자는 다수의 스리랑카인의 상징이다. 네 귀퉁이의 보리수 잎은 불교, 오렌지색은 힌두교, 녹색은 이슬람교를 나타내고, 다른 민족의 공생을 상징하고 있다.

크리켓
대단히 인기 있는 스포츠이다.

DATA

스리랑카 민주 사회주의 공화국

- 수도: 스리자야와르데네푸라코테
- 인구: 2,120만 명(제56위)
- 면적: 6.6만㎢(제120위)
- 인구 밀도: 323명/㎢(제24위)
- 주요 언어: 신할리즈어, 타밀어
- 주요 종교: 불교, 힌두교, 이슬람교
- 통화: 스리랑카 루피

여기

시기리야 바위

정글 가운데에 있는 남북 약 180m, 동서 약 100m, 높이 약 200m의 거대한 바위산이다. 5세기 전후, 왕좌에 앉은 형은 동생이 공격할 것을 두려워하여, 바위 위에 왕궁을 만들었다.

인도
→p.44

신할라어로 인사

아유보완
ආයුබෝවන්.
안녕하세요.

스투디
ස්තූතියි.
감사합니다.

○ 자프나

아누라다푸라
약 2500년 전에 있었던 옛 도시로, 1400년에 걸쳐 정치와 불교의 중심지였다. 현재도 불탑을 비롯해 많은 유적을 볼 수 있다.

○ 트링코말리

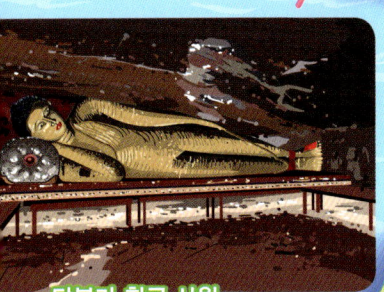
담불라 황금 사원
석굴에 만들어진 사원으로, 내부에는 기원전 1세기경부터 1900년대에 걸쳐 만들어진 벽화와 불상이 안치되어 있다.

페라헤라 축제
불교의 축제로, 부처님의 치아 사리를 코끼리 등에 싣고, 코끼리를 선두로 음악대와 댄서 등이 거리를 대열을 지어 천천히 걷는다.

○ 아누라다푸라

스리 휠러

토우크토우크라고도 하는 자동 삼륜 택시이다.

시기리야록 ∴
○ 플로나와

담불라 황금 사원 ∴

아유르베다
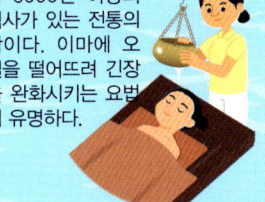
인도, 스리랑카에서 약 5000년 이상의 역사가 있는 전통의학이다. 이마에 오일을 떨어뜨려 긴장을 완화시키는 요법이 유명하다.

스리랑카 카레

다양한 종류의 카레를 손으로 밥과 섞어 먹는다.

실론섬

죽마 고기잡이
바닷속에 푹 찔러 넣은 나무에 올라 물고기를 잡는 스리랑카의 독특한 물고기 잡는 방식이다.

○ 캔디

피두루탈라갈라산 2524 ▲
∴ 누와라 엘리야

✈ 콜롬보
● 스리자야와르데네푸라코테

실론 홍차

스리랑카에서 생산되는 홍차의 총칭이다. 약 95%는 수출된다.

인도양

누와라엘리야
1800m를 넘는 고지에 영국인이 건설한 휴양지이다. 차갑고 서늘한 기후를 살린 홍차의 생산지로 유명하다.

얄라 국립공원 ∴

고르의 구시가
남쪽 끝의 시가로, 예전부터 교역이 활발했기 때문에, 성벽으로 둘러싸인 요새이다.

○ 갈 ○ 웰리가마

얄라 국립공원
215종의 조류와 44종의 포유류가 확인되었으며, 특히 레오파드(표범)의 서식지로 유명하다.

0 50 100km

47

방글라데시

People's Republic of Bangladesh

갠지스강 하류의 광대한 하구에 위치하는 공화국이다. 국명은 「벵골인」의 나라를 의미한다. 1947년 영국령 인도로부터 파키스탄의 일부로 독립하고, 1971년에 파키스탄에서 방글라데시로 독립하였다. 현재는 의류와 가죽제품 등의 봉제업이 활발하게 이루어지고 있으며, 유럽과 미국의 의류 공장의 진출이 두드러진다.

국기 설명: 녹색은 이슬람교의 전통 색과 풍부한 자연을 의미하며, 빨간색은 파키스탄으로부터의 독립전쟁으로 흘린 피와 태양을 나타낸다. 일본 국기와 비슷한 디자인이지만 원은 조금 크고, 왼쪽으로 치우쳐 있다.

카바디
인도 발상의 경기였지만, 방글라데시에서도 인기가 많으며, 국기이다.

DATA
방글라데시 인민 공화국
- 수도: 다카
- 인구: 1억 6080만 명 (제8위)
- 면적: 14.8만km² (제92위)
- 인구 밀도: 1,090명/km² (제7위)
- 주요 언어: 벵골어
- 주요 종교: 이슬람교, 힌두교
- 통화: 타카

관습
이 제스처는 무엇?

방글라데시인에게 질문을 하면… 어, 고개를 갸웃거립니다! 의미가 통하지 않는 것일까… 라고 생각하지만, 이것은 「예(찬성)」라는 의미랍니다. 그 밖에도 새끼손가락을 세우고 있다면 「화장실에 가고 싶다」는 의미라고 합니다. 나라에 따라 제스처의 의미가 다르답니다!

올드다카
16~19세기에 번영했던 무굴제국 시대에 만들어진 구시가이며, 좁은 길을 사람과 인력거, 소형 택시가 가득 메운다.

봉제품
경제 성장의 원동력이 되고 있는 것은 의복 등을 만드는 산업이다. 중국, 인도 다음가는 수출국이 되고 있다.

스타 모스크
돔에 별 모양의 장식, 정원에 별 모양의 분수 등 별 모양의 디자인을 볼 수 있기 때문에 스타 모스크라고 불린다. (다카)

벵골어로 인사
앗살라무 알라이쿰
আসসালাম আলেকুম।
안녕하세요.

돈노밧
ধন্যবাদ।
감사합니다.

비쇼 이즈떼마
이슬람교의 순례 축제로, 메카에 버금가는 규모라고 한다. 국내외에서 400만 명 이상의 순례자가 모여 기도를 한다. 순례지로 향하는 사람이 열차의 지붕까지 넘쳐난다.

크리켓
가장 인기 있는 스포츠이며, 선수는 아이들의 동경의 대상이다.

로티
「난」보다 얇은 빵의 일종으로, 카레와 함께 먹는 일이 많다.

카레
건조한 루카레이며, 재료는 흰 살생선이 많다.

비리야니
축하하는 자리에는 반드시 나오는 요리이며, 양고기나 닭고기, 소고기 등을 넣고 지은 밥이다.

인도 →p.44

∴ 파하르푸르의 불교 유적

파하르푸르의 불교 유적
불교가 번성했던 9세기경에 많은 사원이 건설되었다. 현재는 벽돌로 만들어진 기초와 둘레의 벽이 남아 있다.

주트(황마)
섬유를 얻을 수 있는 식물로, 튼튼한 자루를 만들 수 있다.

사리
주로 기혼 여성이 입는 민족의상이다.

룽기
허리에 천을 둘러 입는 남성용 의상으로, 주로 실내복이나 작업복으로 이용된다.

살루아까미즈
미혼의 젊은 여성이 입는 원피스와 바지와 숄의 3가지가 세트이다.

○ 통기
✈
● 다카

쇼돌갓
수도 다카의 관문이 되어 있는 강의 항구이며, 지방도시를 연결하는 정기선과 생활 물자를 운반하는 작은 배의 왕래로 활기가 넘친다.

○ 쿨나

 쌀

갠지스강

인도 →p.44

∴ 순다르반

○ 치타공

벵골만

해변

○ 콕스바자르

순다르반
인도와 방글라데시에 걸쳐 있는 세계 최대의 맹그로브 숲이다. 갠지스강의 하구에 위치해 있으며, 많은 동물이 서식한다.

수련
방글라데시의 국화이다.

0 80 160km

49

부탄

Kingdom of Bhutan

IOC 코드 BHU Asia

히말라야산맥 동부에 위치해 있는 불교 왕국이다. 많은 사람들이 농업에 종사하며, 산지의 지형을 활용한 수력발전이 발달하여, 발전된 전기를 인도에 수출하고 있다. 경제 발전과 글로벌화를 능숙하게 이루고, 환경과 전통문화 등을 소중히 하며, 국민총행복지수(GNH)를 높이는 것이 정책의 핵심이다.

국기 설명: 노란색은 국왕의 힘, 주황색은 티베트 불교의 신앙을 나타낸다. 예로부터 수호신으로 여겨져 온 흰 용이 발로 잡고 있는 보석은 부와 번영을 나타내며 왕의 권위를 상징한다.

민족의상
남성용은 「고」라고 하는데, 앞에서 겹쳐 두르고, 허리를 맨다. 여성용은 「키라」라고 하는데, 블라우스 위에 꿰매 이은 천을 둘러 감고, 겉옷을 걸쳐 입는다.

DATA
부탄 왕국
- 수도: 팀푸
- 인구: 76만 명(제159위)
- 면적: 3.8만㎢(제133위)
- 인구 밀도: 20명/㎢(제163위)
- 주요 언어: 종카어
- 주요 종교: 티베트 불교, 힌두교
- 통화: 눌트럼

탁상 사원
해발 고도 약 3000m의 층암절벽에 17세기 말에 건설된 사원이다. 「호랑이의 은신처」를 의미하며, 티베트 불교의 성지이다.

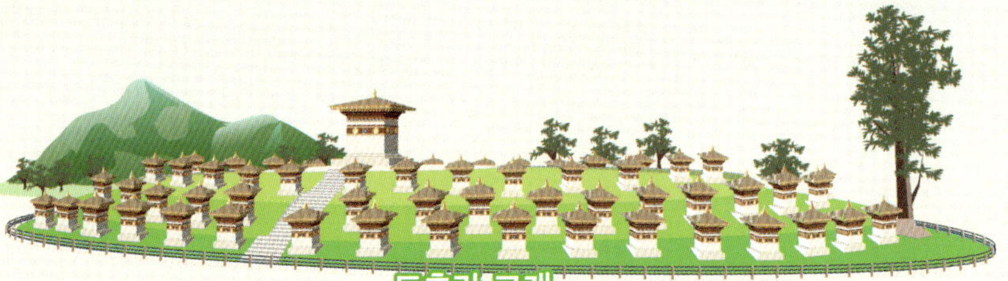

도츄라 고개

2004년 분쟁이 일어났을 때에 국왕 부인이 대국왕과 국민의 무사를 기원하며 만든 108개의 불탑이 있다. 고개에서 히말라야산맥을 바라보는 광경은 절경이다.

쿠루

날개 달린 다트를 20m 정도 떨어진 과녁에 던지는 전통놀이이다.

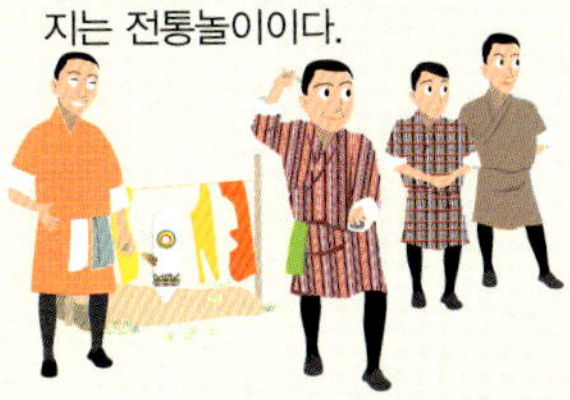

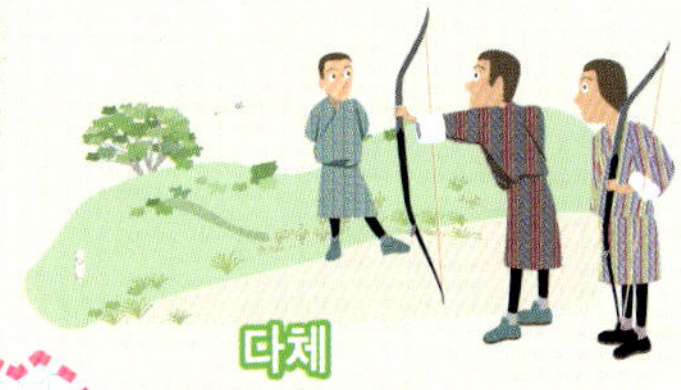

다체

부탄의 국기인 양궁이다. 어디에서나 할 수 있으며, 특히 남성에게 인기가 있다.

정치

국민의 행복을 추구하는 나라

국민의 부를 측정하기 위해, GNI(국민총소득)라는 경제 지표가 사용된답니다. 하지만 부탄에서는 국민이 행복하다고 느끼는지 어떤지를 지표화한 GNH(국민총행복지수)가 나라의 부를 측정하는 데 중요하다고 여겨진답니다. 다시 말하면, 많은 재화에 둘러싸여 있는 것이 반드시 행복한 것이 아니라, 문화와 자연을 소중히 하고, 마음이 풍요로운 것도 중요하다고 여기고 있답니다.

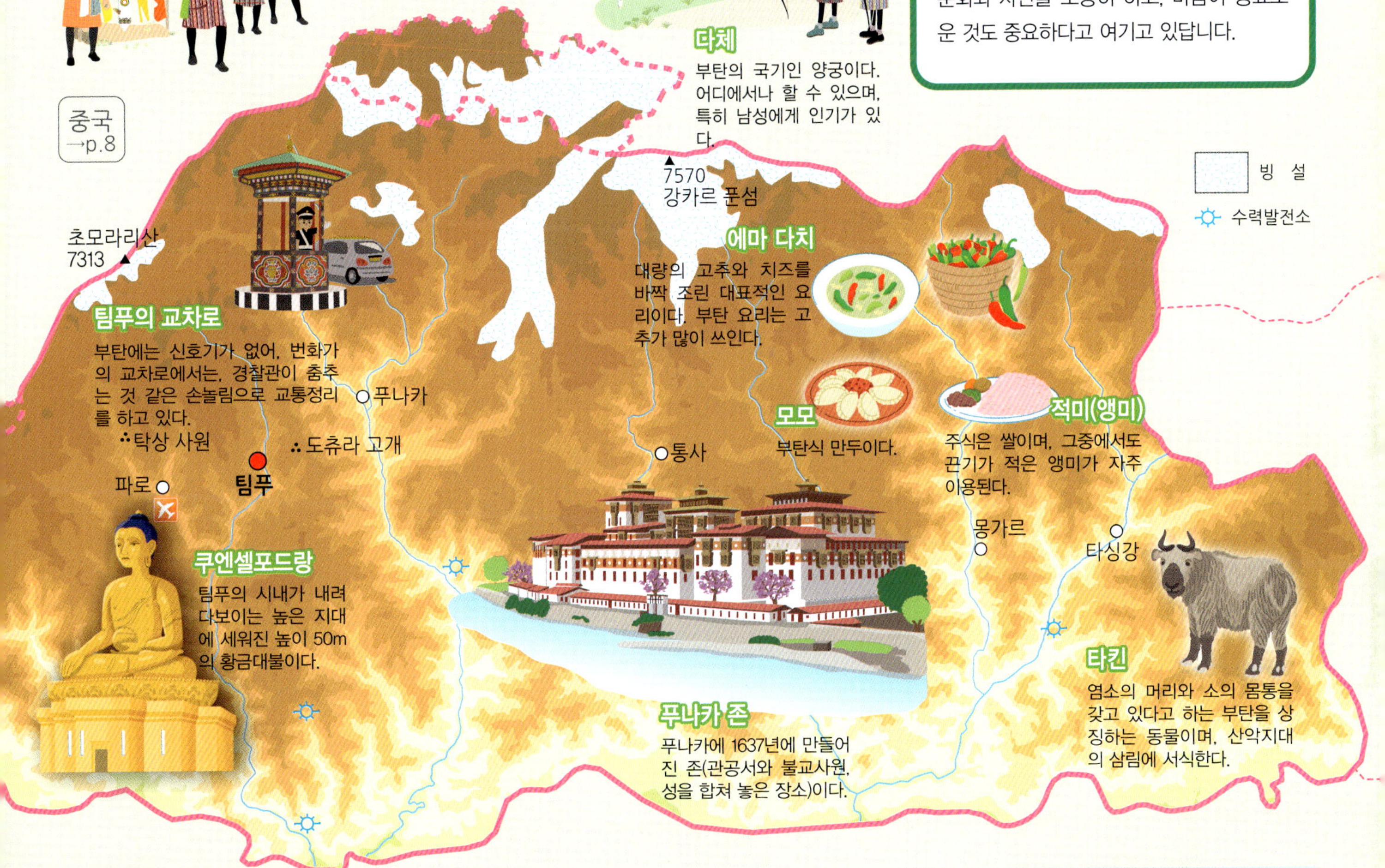

중국 →p.8
7570
강카르 푼섬
빙 설
수력발전소
초모라리산
7313
푸나카
탁상 사원
도츄라 고개
파로
팀푸
통사
몽가르
타싱강
인도 →p.44
0
30
60km

팀푸의 교차로

부탄에는 신호기가 없어, 번화가의 교차로에서는, 경찰관이 춤추는 것 같은 손놀림으로 교통정리를 하고 있다.

에마 다치

대량의 고추와 치즈를 바짝 조린 대표적인 요리이다. 부탄 요리는 고추가 많이 쓰인다.

모모

부탄식 만두이다.

적미(앵미)

주식은 쌀이며, 그중에서도 끈기가 적은 앵미가 자주 이용된다.

쿠엔셀포드랑

팀푸의 시내가 내려다보이는 높은 지대에 세워진 높이 50m의 황금대불이다.

푸나카 존

푸나카에 1637년에 만들어진 존(관공서와 불교사원, 성을 합쳐 놓은 장소)이다.

타킨

염소의 머리와 소의 몸통을 갖고 있다고 하는 부탄을 상징하는 동물이며, 산악지대의 삼림에 서식한다.

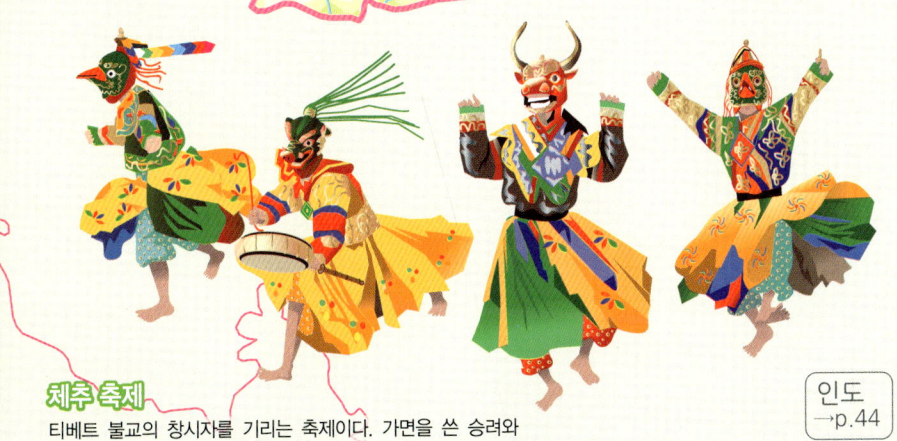

체추 축제

티베트 불교의 창시자를 기리는 축제이다. 가면을 쓴 승려와 마을 사람들의 화려한 춤도 선보인다. 전국 각지에서 이루어진다.

종카어로 인사

구즈장포라
ཀུ་གཟུགས་བཟང་པོ་ལགས།
안녕하세요.
까딘체라
བཀའ་དྲིན་ཆེ་ལགས།
감사합니다.

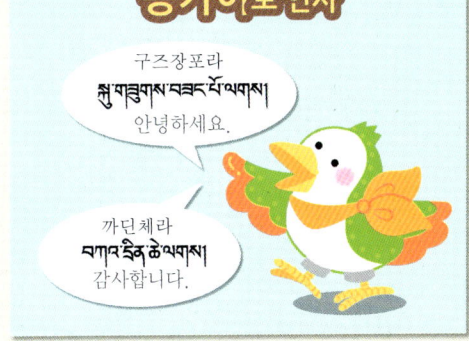

네팔
Federal Democratic Republic of Nepal

「세계의 지붕」이라고 불리며 8000m 정도의 산이 이어지는 히말라야산맥의 남쪽 경사면이 국토의 대부분을 차지하는 내륙국이다. 높은 산에 가로막혀 여러 민족이 거주하고 있으며, 독자적인 문화와 언어를 가지고 있다. 농업이 주요 산업이지만, 에베레스트산의 관문으로서 외국인 관광객이 많아, 관광업도 활발하다.

IOC 코드 **NEP**

국기 설명: 세계에서 유일하게 사각형이 아닌 희귀한 국기이다. 파랑은 히말라야산맥의 하늘, 빨강은 국민을 나타내고, 위 삼각기의 달과 아래 삼각기의 태양이 결합됨으로써 국가의 영원한 번영을 의미한다.

마운틴 플라이트
카트만두로부터 약 1시간의 유람 비행으로, 에베레스트산을 비롯해 히말라야산맥의 산들을 눈앞에서 볼 수 있다.

DATA
네팔 연방 민주 공화국
- 수도: 카트만두
- 인구: 2,843만 명(제45위)
- 면적: 14.7만㎢(제93위)
- 인구 밀도: 193명/㎢(제49위)
- 주요 언어: 네팔어
- 주요 종교: 힌두교
- 통화: 네팔 루피

여기 / 중국 / 부탄 / 인도 / 방글라데시

달밧
밥과 콩 수프에 카레와 절임 반찬 등이 세트인 대표적인 가정 요리이다.

엘리펀트 폴로
말이 아니라 코끼리에 코끼리 부리는 사람과 선수 2명이 코끼리를 타고 하는 폴로이며, 매년 국제 대회가 개최된다.

네팔어로 인사
- 나마스떼 **नमस्ते।** 안녕하세요.
- 던네밧 **धन्यवाद।** 감사합니다.

보드나트 사원
카트만두에 있는, 높이 약 36m인 네팔 최대의 티베트 불교의 불탑으로, 붓다 아이라고 불리는 눈이 그려져 있다. 중심에 석가모니 사리가 묻혀 있다고 한다.

파키스탄
Islamic Republic of Pakistan

IOC 코드 **PAK** Asia

서부의 산악지대와, 고대에 인더스 문명이 탄생한 인더스강 유역의 평원으로 이루어져 있다. 강 유역에서는 밀과 면화 재배가 활발하고, 사람도 많이 거주하며, 인구 증가가 두드러진다. 이슬람교가 국교이기 때문에, 이슬람 국가들과의 유대가 깊은 반면, 카슈미르 지방의 영유권을 둘러싸고 인도와는 대립이 계속되고 있다.

국기 설명: 녹색은 이슬람교의 성스러운 색으로 번영, 흰색은 이슬람교 이외의 민족의 상징으로 평화를 의미한다. 초승달은 진보와 발전, 별은 밝음과 지식을 나타내고, 아울러 이슬람교를 상징한다.

크리켓
국민적 스포츠이며, 공터, 길거리, 공원 등에서도 경기를 한다.

DATA
파키스탄 이슬람 공화국
- 수도: 이슬라마바드
- 인구: 1억 9171만 명(제7위)
- 면적: 79.6만㎢(제35위)
- 인구 밀도: 241명/㎢(제35위)
- 주요 언어: 우르두어, 영어
- 주요 종교: 이슬람교
- 통화: 파키스탄 루피

파이살 모스크
이슬라마바드의 상징이 되어 있는 흰 대리석이 아름다운 남아시아 최대의 모스크이며, 광장도 합하면 약 10만 명을 수용할 수 있다. 1966년에 사우디아라비아 국왕의 기부에 의해 건설되었다.

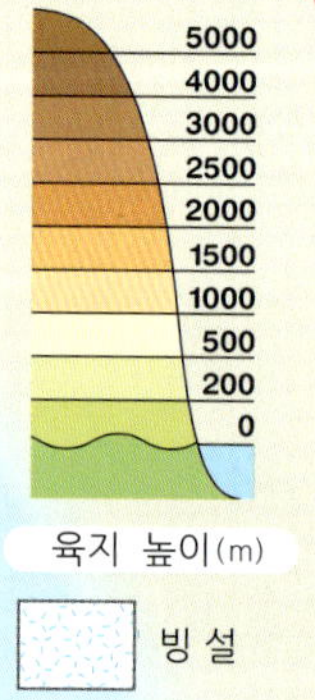

나라의 자랑

축구공 생산 대국!

모두 아주 좋아하는 축구! 사실은 축구공의 70%~80%가 파키스탄에서 만들어지고 있답니다. 일일이 장인이 손으로 꿰매고 있지만, 그중에는 어린아이가 학교에 가지 않고, 값싼 임금으로 도와주는 일도 있어, 세계적인 문제가 되었답니다. 그 후, 제대로 등록된 직인이 만드는 제도로 바뀌었답니다. 정성스럽게 만들어진 공을 소중히 사용해야 되겠네요!

육지 높이(m): 5000 / 4000 / 3000 / 2500 / 2000 / 1500 / 1000 / 500 / 200 / 0

빙설

이란 →p.76

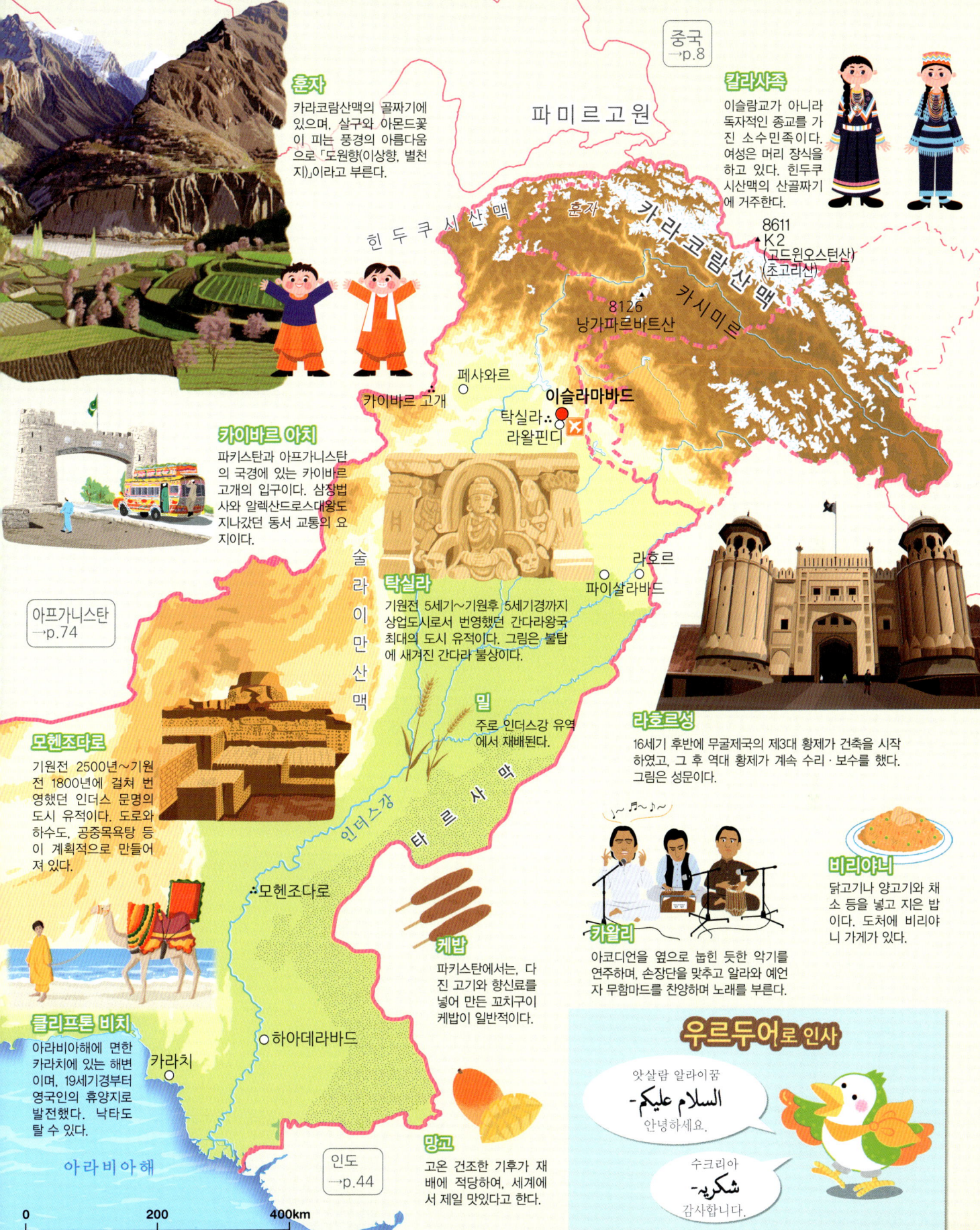

몰디브

Republic of Maldives

인도 남서쪽 인도양 위에 있는 약 1200개의 산호섬으로 이루어져 있는 국가이다. 예전에는 인도양을 오고가는 무역의 거점으로 번성하고, 현재는 아름다운 휴양지로 인기가 있는 관광업 외에, 참치나 가다랑어를 중심으로 어업이 활발하게 이루어진다. 섬은 해발이 낮기 때문에, 지구 온난화에 의한 해면의 상승이 큰 과제이다.

국기 설명: 빨강은 과거부터 미래에 걸친 국민의 용기를 나타내며, 피를 마지막 한 방울까지 나라에 바친다는 의미를, 흰색은 이슬람교의 상징인 초승달을, 녹색은 평화와 번영에 대한 소망을 나타내고 있다.

바다거북
스노클링과 스쿠버다이빙으로, 아주 자주 마주칠 수 있다.

DATA

몰디브 공화국
- 수도: 말레
- 인구: 35만 명 (제171위)
- 면적: 300km² (제187위)
- 인구 밀도: 1,167명/km² (제6위)
- 주요 언어: 디베히어
- 주요 종교: 이슬람교
- 통화: 루피야

디베히어로 인사

- 앗쌀람 알라이쿰 — 안녕하세요.
- 수쿠리야 — 감사합니다.

리조트 호텔

한 개의 섬에 한 개의 리조트 호텔 밖에 세워서는 안 된다는 규칙이 있다. 국제공항이 있는 훌룰레섬에서 각 리조트에는 수상비행기와 스피드보트, 도니 등으로 이동한다. 수상 요트에 머무르면, 방에서 직접 바다로 들어갈 수 있다.

지도: 틸라둠마티 환초, 밀라둔마둘루 환초, 말로스마술루 환초, 바 환초, 북말레 환초, 말레, 아리 환초, 남말레 환초, 말라쿠 환초, 골루마둘루 환초, 하둔마티 환초, 후바두 환초, 아두 환초 / 몰디브 제도 / 인도양 / 적도 / 인도 → p.44 / 오른쪽 페이지의 범위 / 0 200km

Such a good view!

리조트 호텔의 식사
호텔의 레스토랑은, 바다를 바라보며 식사를 할 수 있으며, 바닥이 유리로 되어 있어, 음식 이외에도 즐길 만한 것이 많다.

도니
전통적인 목조 범선이었지만, 최근에는 엔진이 달려 있다. 국내의 이동 수단으로 사용되고 있다.

서핑
세계에서 손꼽히는 서핑 천국이다.

맨터(큰가오리)
생물권 보호구역으로 지정되어 있는 바 환초의 하니파루 베이에서는, 100마리가 넘는 맨터가 난무하는 것을 볼 수 있다.

가다랑어 외줄낚시
산호초를 지키기 위해 그물은 금지되어 있으며, 가다랑어와 참치를 외줄낚시로 잡는다. 세계 제일의 생선을 먹을 수 있는 나라라고 하며, 최대의 수출품이기도 하다.

북 말 레 환 초

이다랭이
몸길이 2m 이상이 되는 대형 다랑어이다.

고래상어
세계 최대의 어류이다. 큰 몸을 갖고 있지만, 먹는 것은 플랑크톤이며, 사람을 습격하는 일은 없다.

0   5   10km

나폴레옹피시
나폴레옹이 썼던 모자와 비슷하기 때문에 이름이 붙여졌다.

야자나무
코코넛 밀크는 몰디브 요리에서 빼놓을 수 없다.

의식주
인구밀도 세계 제일!?

몰디브는 남국 리조트이기 때문에, 태평하고 한가롭게 지내겠지… 라고 생각한다면 큰 착각입니다!? 수도 말레는 세계에서도 손꼽히는 인구밀도이기 때문에, 섬 전체에 집이 빽빽하게 늘어서 있다고 합니다! 1.7㎢의 면적에 13만 명 이상의 사람들이 살고 있어, 집을 새로 짓는 것은 거의 불가능하기 때문에, 집을 빌리는 사람이 많다고 합니다. 하늘에서 보면 깜짝 놀란답니다!

바나나
바나나는 전체의 60%가 넘는 섬들에서 자생하고 있으며, 쌀이나 생선 등과 나란히 주식이 되고 있다.

훌룰레섬
말레

열대어
스쿠버다이빙을 하면 형형색색의 물고기와 말미잘을 볼 수 있다.

리예 라아제훈
전통 공예품으로, 옻칠을 한 꽃병과 뚜껑이 있는 둥근 접시 등이 있다.

남 말 레 환 초

카자흐스탄
Republic of Kazakhstan

내륙국 중에서는 세계 제일의 면적이며. 국토의 대부분은 사막과 건조한 초원이 펼쳐져 있다. 1991년 소련 붕괴와 함께 독립하고, 그 후 수도를 알마티에서 아스타나로 옮겼으며, 2019년에 누르술탄으로 이름이 바뀌었다. 석유와 천연가스를 비롯해 광물자원이 풍부하며, 그중에서도 카스피해 주변에서는 대규모 유전 개발이 이루어지고 있다.

국기 설명: 파랑은 터키계 민족의 전통적인 색으로 맑은 하늘과 터키석 블루를 나타낸다. 노랑은 희망을 나타내고 날개를 펴고 나는 독수리와 태양은 자유의 상징, 왼쪽은 민족의 대표적인 장식 모양이다.

축구
가장 인기가 있는 스포츠이다. 월드컵 유럽 지역 예선에 참가한다.

DATA
카자흐스탄 공화국
- 수도: 누르술탄
- 인구: 1,716만 명 (제63위)
- 면적: 272.5만㎢ (제9위) — 대한민국의 약 12배
- 인구 밀도: 6명/㎢ (제186위)
- 주요 언어: 카자흐어, 러시아어
- 주요 종교: 이슬람교, 크리스트교
- 통화: 텡게

카자흐어로 인사
Сәлеметсіз бе.
안녕하세요.

Рахмет.
감사합니다.

누르술탄(구 아스타나)의 시가지
높이 105m의 전망탑인 「바이테렉 타워」에서 바라보는 광경은 장관이다. 누르술탄의 도시 계획은 현재에도 건설이 진행되고 있다.

카샤간 유전
2000년에 발견된 세계 최대 규모의 해저유전이다.

카스피해
세계에서 가장 큰 호수이다. 호면 표고 −28m

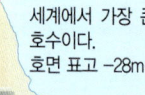

키르기스스탄
Kyrgyz Republic

IOC 코드 KGZ Asia

중국으로 이어지는 텐산산맥과 타지키스탄에 걸쳐 있는 파미르고원의 일부를 이루고 있는 국가이다. 옛날부터 유목민이 많으며, 현재도 염소나 양의 목축이 활발히 이루어지고 있다. 주변국에 비해 건조지가 적어, 농업도 주요 산업이다. 1991년 소련 붕괴와 더불어 독립했다.

국기 설명: 빨강은 용기의 상징이며 가운데에는 빛나는 태양과 유목민의 이동식 주거(유르트)의 천장 부분을 도안화한 것이 디자인되어 있다. 태양에서 나오는 빛은 다수의 민족을 나타내고 있다.

코무즈

세 개의 줄이 있는 현악기이며, 손가락이나 손의 독특한 움직임도 특징적이다.

DATA
키르기스스탄 공화국
- 수도: 비슈케크
- 인구: 608만 명 (제109위)
- 면적: 20.0만 km² (제85위)
- 인구 밀도: 30명/km² (제48위)
- 주요 언어: 키르기스어, 러시아어
- 주요 종교: 이슬람교, 크리스트교
- 통화: 솜

키르기스어로 인사

- 살라맡스스브 **Саламатсызбы.** 안녕하세요.
- 라흐마트 **Рахмат.** 감사합니다.

알라콜호
해발 3532m에 있는 에메랄드그린으로 빛나는 신비한 호수이다. 호숫가에 서면 텐산산맥의 절경을 눈앞에서 직접 볼 수 있다.

오슈 바자르
국내에서 가장 큰 시장이다. 식료품 이외에도 일용품, 가전 등 무엇이든 판매한다. (비슈케크)

펠트
양털로 만든 천으로 방수·방한이 우수하여, 유르트에 사용되거나, 민간에 전해 오는 민속 예술품 등으로 가공되기도 한다.

카자흐스탄 →p.58

비슈케크
부라나탑 · 톡마크
이식쿨호 아라콜호
6995 한텡그리산
7439 포베다산
송쿨호
나린강
톈산산맥
중국 →p.8

콕 보루
죽은 염소의 사체를, 말을 타고 상대편 골문에 던져 넣은 횟수로 승부를 겨룬다. 2년에 한 번 세계 유목민 경기 대회가 개최되며, 20개국에서 유목민이 모여 이 경기를 한다.

눈표범
키르기스스탄을 대표하는 동물로, 우표에도 디자인되어 있다.

우즈베키스탄 →p.64
우즈베키스탄 영토
타지키스탄 영토
○ 오슈
레닌산 7134
파미르고원

플로프(필라프)
고기, 양파, 당근 등을 쌀과 함께 섞어 지은 밥이다. 경사나 대접하는 자리에서 먹는다.

부라나탑
11세기 초에 벽돌로 만들어진 탑이다. 옆에 중국에서 들어온 발발(사람의 얼굴을 한 석상)이 전시되어 있다.

라그만
토마토와 소고기 수프에, 우동 같은 면이 들어간 요리이다.

샤실릭
향신료로 맛을 낸 고기 꼬치구이로, 여름 피크닉에서 자주 먹는다.

타지키스탄 →p.62

0 100 200km
빙설

유르트에 사는 유목민
해발 3000m에 위치하는 송쿨호 부근에서, 여름에는 유르트(이동식 주거)에 살며 가축의 유목을 한다.

전설

형과 동생의 전설
옛날에 2명의 형제가 바이칼호 근처에 살고 있었는데, 고기를 좋아하는 동생은 서쪽으로 가서 키르기스인이 되고, 생선을 좋아하는 형은 동쪽으로 가서 일본인이 되었다는 전설이 있답니다.

타지키스탄
Republic of Tajikistan

IOC 코드 **TJK** Asia

국토의 대부분이 해발 4,000m를 넘는 파미르고원과 그 주변의 산맥으로 이루어진 산악 국가이다. 1991년에 소련이 붕괴되자 독립하고, 그 후 내전 상태에 놓여 있었지만, 현재는 평화 합의 아래, 경제가 회복되고 있다. 목화를 중심으로 하는 농업과, 고저차(높낮이 차이)를 이용한 수력 발전이 활발하게 이루어지고 있다.

국기 설명: 빨강은 노동자, 흰색은 지식인, 초록은 농민을 나타낸다. 중앙의 7개의 별에 둘러싸인 관은 타지리라고 불리는 민족의 상징으로, 국가의 주권과 국민의 단결, 이웃나라와의 우호 관계를 나타내고 있다.

우즈베키스탄 →p.64

축구
국내에서 가장 인기가 있는 스포츠이다.

DATA
타지키스탄 공화국
- 수도: 두샨베
- 인구: 864만 명 (제95위)
- 면적: 14.3만 km² (제94위)
- 인구 밀도: 59명/km² (제121위)
- 주요 언어: 타지크어
- 주요 종교: 이슬람교
- 통화: 소모니

관습
일자 눈썹의 미녀!

어머나! 여성의 눈썹이 이어져 있네요! 잘 보면, 눈썹 사이를 검게 칠해 놓은 사람도 있는 것 같아요. 타지키스탄의 어떤 마을에서는, 예쁘게 이어져 있는 눈썹, 그중에서도 자연적으로 이어져 있는 눈썹이 제일 아름다운 것으로 여기고 있답니다. 이슬람교에서는 화장 등을 하지 않아야 한다는 가르침이 있기 때문에 그 지역에서는 일자 눈썹이 미인의 조건이 되었다고 합니다!

파미르고원
중국, 아프가니스탄, 타지키스탄의 3국에 걸쳐 있는, 평균 해발 고도가 5,000m에 가까운 고원이므로 「세계의 지붕」이라고 한다. 고대부터 실크로드의 가장 험한 곳으로 알려져 왔다. (무르고프 근교)

우즈베키스탄
Republic of Uzbekistan

중앙아시아의 한가운데에 위치하는 나라로, 실크 로드의 요충지로서 번영했던 나라이다. 건조한 고원과 사막이 펼쳐져 있으며, 타슈켄트와 사마르칸트 등의 오아시스 도시가 발달했다. 관개를 이용한 농업이 발달하였지만, 대규모적인 관개로 인해 아랄해의 면적은 1/10 이하로 줄어들었다.

IOC 코드 UZB Asia

국기 설명: 물색은 하늘, 흰색은 청정한 국토와 평화, 녹색은 풍부한 자연, 붉은 선은 생명력을 의미한다. 초승달과 별은 이슬람교를 상징하며, 12개의 별은 국내 12개 주를 나타낸다.

크라슈
우즈베키스탄의 국기로, 상대방을 메치는 기술만으로 승부를 결정하는 유도와 비슷한 격투기이다.

축구
아시아 축구 연맹이 주관하는 AFC 컵에서 우승한 적도 있다.

DATA
우즈베키스탄 공화국
- 수도: 타슈켄트
- 인구: 3,129만 명(제43위)
- 면적: 44.9만㎢(제55위)
- 인구 밀도: 70명/㎢(제110위)
- 주요 언어: 우즈베크어
- 주요 종교: 이슬람교
- 통화: 숨

우즈베크어로 인사
Assalomu alaykum. — 안녕하세요.
Rahmat. — 감사합니다.

레기스탄 광장
3개의 마드라사(신학교)가 디귿자로 나란히 서 있다. 14세기에 중앙 마드라사가, 17세기에 좌우의 마드라사가 세워져 현재의 모습이 되었다. (사마르칸트)

초르수 바자르
돔형의 거대한 시장이다. 고기와 치즈, 견과류 등의 식료품이 중심이며, 밖에도 매장이 늘어서 있다. (타슈켄트)

건축
지진으로도 파손되지 않은 극장
1966년, 타슈켄트에서 지진이 발생해서 마을 대부분의 건물이 파괴되어 버렸답니다. 그렇지만 나보이 극장은 손상되지 않은 채 남아 있었다고 합니다.

배들의 묘지
1960년대에 농업용수를 확보하기 위해 대규모 관개를 진행한 결과, 아랄해로 흘러 들어가는 물이 급격히 줄어들어 바싹 말라 버렸다. 이동시키지 못한 배가 많이 남아 있다.

아랄해

1960년경의 호안선

키질쿰 사막

목화
세계적으로 손꼽히는 생산량이지만, 관개 때문에 땅속의 염분이 높아지는 피해도 일어나고 있다.

우르겐치
이찬 칼라

플로프
필라프처럼 쌀과 건더기를 함께 넣어 짓는 요리인데, 결혼식 등 경사에 없어서는 안 되는 전통 요리이다.

카자흐스탄 →p.58

키르기스스탄 →p.60

● 타슈켄트

페르가나

투르크메니스탄 →p.66

아무다리야강

이찬 칼라
16세기에 만들어진 성벽으로 둘러싸인 구시가로, 파란색의 아름다운 미완성의 첨탑은 랜드마크(상징 건물)가 되어 있다.

부하라

사마르칸트

이스마일 사마니 묘
기원전 9세기경에 세워졌다. 몽골군이 습격했을 때에는 모래 속에 매몰되어 있어 파괴되지 않았다. (부하라)

마르길란의 실크 공장
국내 최대의 생산지로, 고품질의 실크 제품이 만들어지고 있다. (페르가나 근교)

융단 바자르
전통적인 수법으로 생산되는 융단이 부하라 등의 시장에서 판매하고 있다.

타지키스탄 →p.62

미르 아랍 마드라사
마드라사(또는 메드레세)는 이슬람교에 대해서 배우는 학교이다. 1536년에 건설되어 현재도 사용되고 있다. (부하라)

아프가니스탄 →p.74

0 150 300km

 빙설

민속 무용

지역에 따라 다소 다르기는 지만, 몇 번이고 회전하는 것과 팔의 움직임이 중요한 특징이다.

투르크메니스탄
Turkmenistan

카스피해의 동쪽 기슭에 위치하며, 국토의 대부분이 카라쿰 사막이므로 건조하다. 1991년 소련의 붕괴와 더불어 독립하였고, 국제 연합에 의해 영세 중립국으로 승인을 받았다. 세계에서 손꼽히는 매장량을 자랑하는 천연가스가 국가의 경제를 유지시켜 주고 있다. 농업에서는 면화 재배가 활발하다.

IOC 코드: TKM, Asia

국기 설명: 녹색과 초승달·별은 이슬람교의 상징이다. 별 5개로 국내 5개 지방을, 왼쪽 융단의 무늬로 주요한 5부족을 나타내며, 올리브 가지로 영세 중립국을 지향한다는 의사를 나타낸다.

육지 높이 (m)

DATA
투르크메니스탄
- 수도: 아시가바트
- 인구: 475만 명(제116위)
- 면적: 48.8만㎢(제52위)
- 인구 밀도: 10명/㎢(제180위)
- 주요 언어: 투르크멘어
- 주요 종교: 이슬람교
- 통화: 투르크멘 마나트

여기

카스피해

투르크멘어로 인사
- 살람 Салам. 안녕하세요.
- 삭볼룽 Саг болун. 감사합니다.

만티: 다진 고기와 양파, 호박이 들어간 투르크메니스탄풍의 만두이다.

플로프: 필라프의 발상지라고 한다. 주식으로 매일 식탁에 오른다.

투르크멘바시 루히 모스크
아시가바트에 있으며 1만 명을 수용할 수 있는 중앙아시아 최대의 모스크이다.

카지흐스탄
→p.58

우즈베키스탄
→p.64

알라바이
투르크메니스탄 특유의 목양견. 성질이 사나워 투견으로도 쓰인다.

목화 재배
주요 산업이지만, 관개에 의한 수질 오염과 지하수의 부족 등이 문제가 되고 있다.

역사

「스탄」이 붙은 나라
투르크메니스탄, 우즈베키스탄, 카자흐스탄, 타지키스탄, 아프가니스탄, 파키스탄,…. 어째서 나라 이름에 「스탄」이 붙은 것일까요? 사실은 페르시아어로 「~ 나라」를 의미한다고 합니다! 예전에 페르시아어를 사용하는 제국이 중앙아시아를 지배하여 그 영향이 남아 있는 것입니다.

아할테케
투르크메니스탄 원산의 말이며, 털이 광택이 있고 가지런히 나 있어 「황금의 말」이라고 불릴 정도로 아름답다. 승마술(말을 타고 부리는 재주)이 뛰어나다.

다쇼구즈 ○

지옥의 문
천연가스 채굴 중의 사고로 직경 90m의 구멍이 생겨 유독가스가 분출되었다. 이것을 막기 위해 점화했지만, 천연가스의 분출 때문에 40년 이상 계속해서 불길이 일고 있다.
(다르바자)

투르크멘바시 ○

다르바자 ○ 카 라 쿰 사 막

아무다리야강

여학생 교복
여학생의 교복은 색이 정해져 있는데, 대학생은 빨강, 전문대학생은 파랑, 고교생이하는 초록색이다.

ALEM(우주) 관람차
높이 46.7m인 세계 최대의 실내 관람차이다. 기온이 50도에 달하는 경우도 있기 때문에 냉방 장치가 설치되어 있다. (아시가바트)

메르브
실크 로드의 오아시스 도시로 번영했지만, 몽골 제국에 의해 멸망했다.

투르크메나밧 ○

✈ ● 아시가바트

이란
→p.76

메르브 ∴ 갈키니쉬 ○

카라쿰 운하
관개 및 수도용 운하이다.

천연가스전
갈키니쉬는 세계 최대의 매장량을 자랑한다.

벨트레슬링
격투기 중에서도 가장 오래된 것으로 전해지고 있으며, 상대방의 벨트를 잡고 넘어뜨린다.

투르크멘 융단 박물관
디자인이 기하학 모양이며 대칭으로 되어 있는 것이 특징이다. 세계에서 제일 긴 18m의 손으로 짠 융단도 전시되어 있다.
(아시가바트)

아프가니스탄
→p.74

0   150   300km

아시가바트의 거리
사막 속에 건설된 대도시이다. 흰 대리석으로 만든 호화스러운 건물로 통일되어 있다.

멜론 축제
400종류나 되는 멜론이 있으며, 8월의 「멜론의 날」에는 순회 공연을 하는 음악가가 와서 연주하기도 하고 대회가 열리기도 한다. (아시가바트)

67

아제르바이잔
Republic of Azerbaijan

캅카스산맥 남단과 카스피해 서쪽 연안에 위치하는 국가이며, 아르메니아와 이란 사이에 본토에서 떨어진 영토가 있다. 카스피해에는 석유와 천연가스의 매장량이 많으며, 소련으로부터 독립한 후에는 유럽, 미국 및 대한민국, 일본 등의 원조에 의한 개발이 진행되고 있어, 급속한 발전을 이루고 있다. 앞으로 1000m가 넘는 타워를 만들 구상이 있다.

국기 설명: 파랑은 터키계 아제르바이잔인의 전통적인 색으로, 맑은 하늘과 카스피해를 나타낸다. 빨강은 독립을 지키려는 결의, 녹색과 초승달·별은 이슬람교 국가임을 나타낸다.

레슬링
올림픽 대회에서 다수의 메달을 획득하였으며, 세계적인 강국이다.

DATA
아제르바이잔 공화국
- 수도: 바쿠
- 인구: 975만 명(제91위)
- 면적: 8.7만㎢(제111위)
- 인구밀도: 113명/㎢(제71위)
- 주요 언어: 아제르바이잔어
- 주요 종교: 이슬람교
- 통화: 아제르바이잔 마나트

아제르바이잔어로 인사
살람
Salam.
안녕하세요.

사골
Sağ ol.
감사합니다.

플레임 타워
바쿠의 랜드마크(어떤 지역을 대표하거나 구별하게 하는 표지)이며, 타오르는 불꽃(플레임)의 모양을 한 3동의 빌딩이다. 유전에 의한 발전을 상징한다.

캐러밴서라이
예전에 실크 로드를 왕래하는 대상을 위한 숙소였다. 현재는 호텔로 되어 있다. (셰키)

철갑상어와 캐비어
토산물로 인기가 있었지만, 현재는 자연 보호를 위해 국외로의 반출은 제한되어 있다.

0　50　100km

조지아
→p.72

캅카스 산맥

러시아
②유럽

바자르듀주산 4466

○셰키

헤이다르 알리예프 센터
박물관과 콘서트 회장 등이 있는 복합 시설이다. 곡선의 아름다운 건축이 특징이다. (바쿠)

소녀의 탑(메이든 타워)
12세기에 건설된 감시탑이다. 원하지 않는 결혼을 강요받은 소녀가 탑 위에서 투신했다는 전설이 남아 있다. (바쿠)

아제르바이잔의 영토

아르메니아
→p.70

간자 ○

아르메니아의 영토

카스피해

숨가이트 ○
○야나르다그
● 바쿠

축구
프로 리그가 있으며, 인기가 가장 많은 스포츠이다.

무감
1명의 가수가 고전적인 시를 민속 음악의 반주에 맞춰 노래하는 전통적인 음악이다.

고브스탄의 바위그림
약 6000장의 바위그림이 남아 있어, 신석기 시대의 생활 및 문화의 모습을 알 수 있다.

고부스탄의 바위그림

바쿠 유전
카스피해 먼 바다의 유전이다. 송유관(석유나 원유 등을 다른 곳으로 보내기 위하여 설치한 관)이 러시아와 터키로 연결되어 있다.

아제르바이잔의 영토

나히체반 ○

이란
→p.76

피티
양고기와 병아리콩 수프로 셰키의 명물이다.

돌마
다진 고기와 양파, 토마토 등을 양배추와 포도 잎에 싸서 찐 가정요리이다.

야나르다그
「불의 산」을 의미하며, 지하에서 분출되는 천연가스가 계속해서 타고 있는 것으로 알려져 있다.

나라의 자랑

검게 빛나는!? 황금 목욕물

아제르바이잔 사람들이 담그는 「황금 목욕물」. "금으로 만든 욕조일까?" 라고 생각하겠지만, 새까만 석유에 몸을 담그는 목욕이라고 합니다!! 대한민국의 온천처럼 신경통이나 피부미용에 효과가 있으며, 1일 10분의 입욕을 10일간 계속하는 것이 좋다고 합니다. 상상하는 것보다는 끈적끈적하지 않지만, 나올 때는 주걱으로 석유를 긁어낸다고 합니다. 용기가 좀 필요하겠네요…!

노루즈
춘분의 날(이란력으로 설날)에 열리는 축제이다. 모닥불 위를 날아가는 의식으로 유명하며, 녹색 풀을 빨간 리본으로 묶은 장식을 한다.

아르메니아

Republic of Armenia

국토의 대부분을 해발 1000~3000m의 산지가 차지하는 내륙국이며, 301년에 세계에서 최초로 크리스트교를 국교로 삼았다. 노아의 방주 전설로 알려진 아라라트산(현 터키령)은 아르메니아인에게 있어 상징으로 되어 있다. 보석 가공업이 활발한 것 외에, 포도와 석류를 원료로 하여 만들어지는 와인이 유명하다.

국기 설명: 빨간색은 독립을 위해 흘린 피, 파랑은 풍부한 자연과 하늘, 오렌지색은 국민의 용기와 단결을 나타낸다. 제2차 세계 대전 이전에 단기간 사용된 국기가 소련 붕괴 후 다시 채택되었다.

축구
프로 리그가 있다.

다이아몬드 가공
수입된 보석을 가공하여 벨기에 등으로 수출한다.

DATA
아르메니아 공화국
- 수도: 예레반
- 인구: 299만 명(제134위)
- 면적: 3.0만㎢(제138위)
- 인구 밀도: 101명/㎢(제81위)
- 주요 언어: 아르메니아어
- 주요 종교: 크리스트교 (아르메니아 교회)
- 통화: 드람

아르메니아어로 인사
- 바레브
  Բարեւ.
  안녕하세요.
- 스노르하카루튠
  Շնորհակալություն.
  감사합니다.

아라라트산과 호르비랍 수도원
아라라트산을 바라다볼 수 있는 터키 국경 부근의 수도원이다. 아르메니아에 크리스트교를 널리 퍼지게 한 성 그레고리우스가 감금된 장소로 알려져 있다.

조지아 →p.72

라바시와 호르바츠
호르바츠라고 하는 꼬치구이를 라바시라고 하는 화덕에서 구운 납작한 빵으로 싼 것을 자주 먹는다.

아르메니아 댄스
남성은 익살스럽게, 때로는 곡예 같이, 여성은 우아하고 아름다우며 낭창낭창하게 춤추는 민속무용이다.

터키 →p.104

아호파트 수도원

아제르바이잔의 영토

아호파트 수도원
10세기에 만들어졌으며, 국내에서 가장 아름답고 웅장한 수도원이라고 한다.

▲4090 아라가츠산

세반 수도원

아제르바이잔 →p.68

세반호와 세반 수도원
세반호는 아르메니아 최대의 호수이다. 호수에 튀어 나온 높은 지대에 세반 수도원이 서 있다.

아르메니아의 영토

역도
올림픽 대회에서 많은 메달을 획득했다.

세반호

에치미아진 대성당 ● 예레반

아르메니아 융단
옛날부터 품질이 우수하다고 알려져 있으며, 중세 아랍과 유럽에 널리 수출되었다.

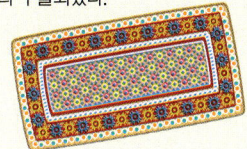

호르비랍 수도원

아라라트산 ▲5165

석류
신성한 과일로 여겨지며, 와인과 주스, 드레싱 등이 만들어지는 것 외에, 소품의 디자인에도 사용된다.

○ 아레니

아제르바이잔의 영토

에치미아진 대성당
600년대에 건설된 국내 최대의 성당이며, 아르메니아 교회의 총본산이다.

와인 축제
세계에서 가장 오래된 양조장이 있던 아레니 마을에서, 소녀들이 맨발로 춤추면서 포도를 밟는 전통적인 와인 만들기가 재현된다.

전설

노아의 방주 전설

구약성서에 나오는 노아의 방주 전설! 옛날에, 신이 사악한 자들을 멸망시키기 위해 대홍수를 일으켰지만, 충고를 받아들여 방주를 만든 노아와 그 가족, 그리고 동물들은 목숨을 건졌다고 합니다. 단지 전설이라고 생각해 버리겠지만, 그 배의 잔해가 아라라트산에서 발견되었다고 합니다! 지금은 에치미아진 대성당에 보관되어 있다고 합니다.

이란 →p.76

0 35 70km

조지아

Georgia

흑해 동쪽 기슭에 면해 있으며, 북부는 캅카스산맥이 뻗어 있는 평지가 적고 산이 많은 나라이다. 예전에는 「그루지야」로 불리었으나, 「조지아」로 변경했다. 온난한 기후를 이용하여 감귤류와 포도 재배가 활발하고, 와인의 발상지로 알려져있으며, 전통적인 와인 제조법은 세계 유산이 되었다.

IOC 코드 **GEO** Asia

국기 설명: 청정을 나타내는 흰색 바탕에 용기와 정의를 나타내는 붉은색 십자는 성 게오르기우스에서 유래되었으며, 여기에 네 개의 작은 십자를 더한 예루살렘 십자에 의해, 크리스천의 나라임을 나타낸다.

럭비
대표 팀은 「Lelos」라는 애칭으로 친숙하며, 인기가 있다.

DATA
조지아
- 수도: 트빌리시
- 인구: 371만 명 (제129위)
- 면적: 7.0만㎢ (제119위)
- 인구 밀도: 53명/㎢ (제123위)
- 주요 언어: 조지아어
- 주요 종교: 크리스트교(정교회), 이슬람교
- 통화: 라리

여기

조지아어로 인사
가마르조바
ጋამარჯობა.
안녕하세요.

그마들롭 (1사람에 대해)
გმადლობ.
감사합니다.

그마들롭트 (여러 명에 대해)
გმადლობთ.
감사합니다.

게르게티 성 삼위일체 교회
캅카스산맥에 둘러싸인, 2170m의 산 정상에 만들어진 교회이다. 소련 시대에 종교적 행사는 금지되었지만, 인기 관광지다.

아프가니스탄

Islamic Republic of Afghanistan

주변의 6개의 국가와 접해 있는 내륙국으로, 건조한 고산지대가 국토의 70% 이상을 차지한다. 1919년에 영국으로부터 독립한 뒤에도 정치가 불안정하였다. 1979년에는 소련이 군사개입을 하였고, 게다가 이슬람교 강경파에 의한 지배와 미군의 공중폭격을 받았다. 현재는 국제 지원을 통한 부흥이 진행되고 있다.

IOC 코드 **AFG** Asia

국기 설명: 검정은 침략과 억압에 의한 암흑, 빨강은 독립 전쟁에서 흘린 피, 녹색은 평화와 풍요로움을 나타낸다. 중앙에는 모스크의 기둥과 계단의 주위에 밀 다발이 그려져 있다.

투르크메니스탄 →p.66

축구

탈레반 정권이 붕괴되고 스포츠를 자유롭게 할 수 있게 되자, 축구의 인기가 되살아나고 있다.

DATA

아프가니스탄 이슬람 공화국

- 수도: 카불
- 인구: 2765만 명(제47위)
- 면적: 65.3만km²(제41위)
- 인구 밀도: 42명/km²(제138위)
- 주요 언어: 다리어, 파슈토어
- 주요 종교: 이슬람교
- 통화: 아프가니

역사

파괴된 바미안 유적

5~6세기경, 바미안 계곡에서는 불교문화가 발달하여, 아름다운 불상과 벽화가 많이 만들어졌다고 하네요! 후에 이슬람교도가 이 땅을 점유하게 되었지만, 파괴되지는 않았답니다. 그런데, 1979년에 소련이 아프가니스탄 침공을 시작하자 국내는 불안정해지고, 이슬람교 강경파인 탈레반 정권에 의해 2001년에 파괴되어 버렸어요. 현재는 복원에 힘쓰고 있답니다.

파괴 전 / 파괴 후

블루 모스크

7세기의 이슬람교 지도자의 무덤으로, 16세기에 세워졌다. 벽 한 면이 코발트 블루(녹색을 띤 짙은 파란색) 타일로 빛나는 외관은 지폐에도 그려져 있다. (마잘리샤리프)

이란 →p.76

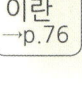

이란
Islamic Republic of Iran

IOC 코드 **IRI** Asia

북은 카스피해, 남은 페르시아만과 아라비아해에 면해 있으며, 고대부터 페르시아의 이름으로 번영했던 국가이다. 국토의 대부분이 건조 기후이지만, 예전부터 지하수로에서 물을 끌어 농업이 이루어지고, 카스피해 연안에서는 지중해식 농업도 활발하다. 석유와 천연가스의 매장량은 세계적으로 손꼽히며, 석유 관련 수출이 경제를 지탱하고 있다.

국기 설명: 녹색은 이슬람교, 흰색은 평화, 빨간색은 용기를 나타내고, 경계선에는 페르시아어로 「신은 위대하다」라고 쓰여 있다. 중앙의 국장은 한 자루의 검과 네 개의 초승달을 조합한 것이다.

폴로
이란 발상의 경기이며, 영국을 경유하여 세계에 널리 퍼졌다.

터키 →p.104

DATA
이란 이슬람 공화국
- 수도: 테헤란
- 인구: 7,968만 명(제17위)
- 면적: 162.9만 km²(제17위)
- 인구 밀도: 49명/km²(제125위)
- 주요 언어: 페르시아어, 터키어, 쿠르드어
- 주요 종교: 이슬람교
- 통화: 이란 리알

육지 높이 (m): 4000 / 3000 / 2500 / 2000 / 1500 / 1000 / 500 / 200 / 0

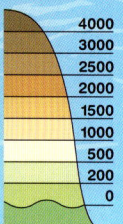

캔도반 마을
13세기에 몽골군으로부터 도망쳐 온 사람들이, 즐비한 바위에 구멍을 뚫고 집을 만들었다고 하며, 현재도 살고 있다.

페르시아어로 인사
- 쌀롬. سلام 안녕하세요.
- 메르시. مرسی 감사합니다.

여기

이맘 모스크
17세기에 만들어진 대표적인 이슬람 건축이다. 내부는 페르시안 블루의 아름다운 타일을 전면에 깐 모자이크로 장식되어 있다.

타브리즈 바자르
1,000년이 넘는 역사를 가진 바자르이다. 특산품인 융단을 비롯해 보석, 향신료, 생활용품 등을 판매한다.

역사

"호"는 페르시아의 뜻?
가까이 있는 음식인데, 한자로 쓰면 '호'를 쓰는 것이 있어요. 예를 들어 '호과'나 '호두', '호마' 같은 거 말이에요! 이 한자는 중국에서 본 서방의 민족을 가리키는 말로, 즉 당시에는 페르시아를 가리키고 있었던 거예요. 오이도 호두도 참깨도 실크로드를 통해 페르시아에서 중국, 그리고 한국으로 건너온 것이니 '호'라는 한자가 쓰이게 되었어요!

카스피해

타브리즈
칸도반 마을

*람사르 조약이 체결된 곳이다.

엘부르즈산맥
람사르

투르크메니스탄
→p.66

다마반드산
▲5670
마슈하드

이라크
→p.78

카라지
● 테헤란

오이
이란에서는 과일 느낌으로 오이를 먹는 사람이 많다.

쿰

골레스탄 궁전
18세기 말에 만들어졌다. 내부에는 거울이 있는 공간에 샹들리에가 장식되어 있으며, 빛의 반사를 활용한 방이 있다. (테헤란)

축구
인기가 높으며, 아시아의 강국이다.

자그로스산맥

자르드쿠
4548▲

샤 모스크(이맘 모스크)
이스파한

아프가니스탄
→p.74

바르바리
주식으로 되어 있는 빵 중에서도 가장 인기 있는 것이 납작하게 구운 바르바리이며, 도처에서 판매한다.

아바즈
아자데간 유전

▲4432
디나르산

케르만

페르시아표범
서아시아에 서식하며, 표범 가운데 가장 대형이다. 이란에 가장 많다고 한다.

쿠웨이트
→p.80

아자데간 유전
국내 최대, 세계적인 매장량을 자랑한다.

페르세폴리스
시라즈

대추야자
페르시아가 원산지이며, 열매인 데이츠는 비타민과 미네랄이 풍부하기 때문에 일상적으로 먹는다.

파키스탄
→p.54

사우디아라비아
→p.82

페르시아만

천연가스 유조선
천연가스의 매장량은 세계에서 제일 많다. 수출로 경제를 유지하고 있다.

반다르아바스

케밥
고기 꼬치를 케밥이라고 하는데, 소, 양, 닭고기가 많이 사용되며 생선이 사용되기도 한다.

바레인
→p.84

0 200 400km

호르무즈 해협

아라비아해

페르세폴리스
기원전 6세기에 건설된 페르시아 제국의 도시이다. 알렉산드로스 대왕에 의해 파괴되었지만, 건축 구조와 양식을 알 수 있는 자취가 남아 있다.

카타르
→p.86

아랍 에미리트
→p.88

오만
→p.90

나시르 알 몰크 모스크
내부의 아름다운 장식이 볼 만한 곳이다. 이른 아침에 햇빛이 들어오면, 융단에 형형색색의 스테인드글라스가 비친다. (시라즈)

이라크
Republic of Iraq

아라비아 반도의 동북부에 위치하는 국가이다. 중심부를 흐르는 티그리스강과 유프라테스강 유역에서는 약 5000년 전에 메소포타미아 문명이 발생하고, 중세에는 서아시아의 중심으로 번영했다. 매장량이 많은 석유가 최대의 산업이지만, 이웃 여러 나라들과의 전쟁, 유럽 국가들과 미국의 개입, 과격파의 폭력에 의한 혼란이 계속되고 있다.

IOC 코드 IRQ Asia

국기 설명: 빨간색은 용기, 흰색은 관용, 검정은 이슬람교의 전통을 의미하며, 이슬람교를 나타내는 녹색 글씨로 「신은 위대하다」라고 쓰여 있다. 이라크 전쟁 후의 혼란이 개선의 길로 접어든 2008년에 개정 제정되었다.

터키 →p.104

축구
가장 활발한 스포츠이며, 국민을 일치단결할 수 있다.

DATA
이라크 공화국
- 수도: 바그다드
- 인구: 3,754만 명(제36위)
- 면적: 43.5만㎢(제58위)
- 인구 밀도: 86명/㎢(제94위)
- 주요 언어: 아랍어, 쿠르드어
- 주요 종교: 이슬람교
- 통화: 이라크 디나르

바벨탑 상상도
고대 바빌론에 있었다고 하는 전설의 지구라트(계단 모양의 피라미드)로, 1563년에 화가 브뤼헐이 그린 상상도이다. 구약성서에 의하면, 모든 인간은 같은 언어를 사용하고 있었지만, 바벨탑을 쌓아 하늘에 닿으려 했기 때문에, 신이 노하여, 모두 다른 언어를 쓰게 하여 건설할 수 없게 되었다고 한다.

여기

시리아 →p.102

아랍어로 인사

앗살라무 알라이쿰
السلام عليكم.
안녕하세요.

슈크란
شكرا.
감사합니다.

추카
국조이며, 건조지대나 산악지대에 서식한다.

아르빌의 성채
언덕 위에, 6000년 이상 전부터 계속해서 살고 있는 성채화된 취락이 있다.

케밥
이라크의 케밥은 다른 아랍 국가에서 먹는 고기 완자에 해당한다.

말위야 미너렛
사마라의 대 모스크와 함께 세워진, 높이 53m의 나선형의 첨탑이다.

레슬링
옛날부터 격투기를 좋아하며, 축구 다음으로 인기가 있다.

하트라 유적
모래 속에 잠들어 있던 도시 유적으로 20세기 초에 발굴되었다. 그리스식과 서아시아식 신전이 발견되는 등 문화의 융합을 볼 수 있다.

천일 야화
8세기 후반, 바그다드에서 아랍어로 쓰인 설화집이다. 아라비안 나이트로 알려져 있다.

[요르단 →p.94]

모술 ○ ○아르빌
하트라
밀
유프라테스강
○사마라
[이란 →p.76]
×●바그다드
티그리스강
카르발라 ○ ··바빌론
○나자프
우르··
바스라 ○
샤트알아랍강
루마일라 유전··
페르시아만
[쿠웨이트 →p.80]

이맘 후사인 묘
1400년쯤 전에 살해된 이맘(지도자)인 후사인의 사당이다. 전 세계의 시아파 사람들이 순례하러 찾아온다. (칼바라)

[사우디아라비아 →p.82]

순교자의 묘
티그리스강 부근에 있는, 이란·이라크 전쟁의 전몰자를 위한 높이 40m의 위령탑이다. (바그다드)

마캄
전통 고전 음악으로, 전문적인 가수와 악기, 많은 연주 종목, 그리고 연주의 규칙이 있다. 카페와 극장 등에서 공연된다.

루마일라 유전
매장량·산출량 둘 다 세계적으로 손꼽힌다.

우르의 지구라트
기원전 2100년경에 만들어진 메소포타미아의 지구라트(계단 모양의 피라미드)이다.

역사

눈에는 눈을! 이에는 이를!

"똑같이 되갚아주다." 라는 의미라기보다는, 도가 지나친 보복을 금한다는 말이다. 사실은 기원전 19세기에 출현한 바빌로니아 왕국의 함무라비왕에 의해 만들어진 함무라비 법전이라는 법률의 일부인 것이다! 그 밖에 도둑질이나 결혼에 관한 법률도 있는데, 모두 돌로 만든 비석에 새겨, 사람들에게 철저하게 알게 했다고 하네요.

0 120 240km

쿠웨이트

State of Kuwait

페르시아만에 위치하며, 국토의 대부분이 평탄한 사막지대이며, 산과 강이 존재하지 않는다. 석유 자원으로 경제를 유지하는 산유국으로, 국민의 90% 이상이 국가 공무원 또는 국영기업에서 일하고 있다. 1990년 이라크군에 의한 쿠웨이트 침공이 일어나 걸프전쟁으로 발전했지만, 현재는 부흥을 이루고 있다.

IOC 코드 KUW Asia

국기 설명: 검정은 전쟁터, 녹색은 평화, 흰색은 순결, 빨강은 용기와 성전에서 흘린 피를 나타낸다. 또한 네 가지의 색상은 아랍 세계의 일체화를 의미한다고도 알려져 있다.

DATA

쿠웨이트국
- 수도: 쿠웨이트
- 인구: 392만 명 (제126위)
- 면적: 1.8만 km² (제152위)
- 인구 밀도: 220명/km² (제40위)
- 주요 언어: 아랍어
- 주요 종교: 이슬람교, 크리스트교, 힌두교
- 통화: 쿠웨이트 디나르

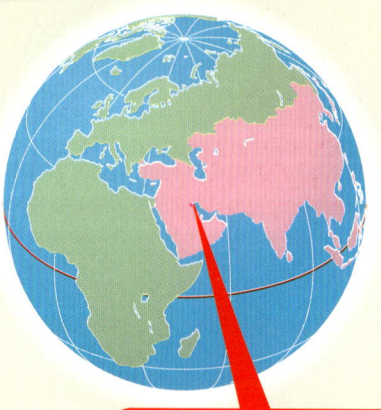

비교해 보자

대한민국의 어디? 쿠웨이트
(정답은 페이지의 아래에 있음)

●한달에 내리는 비의 양●

쿠웨이트 / 서울

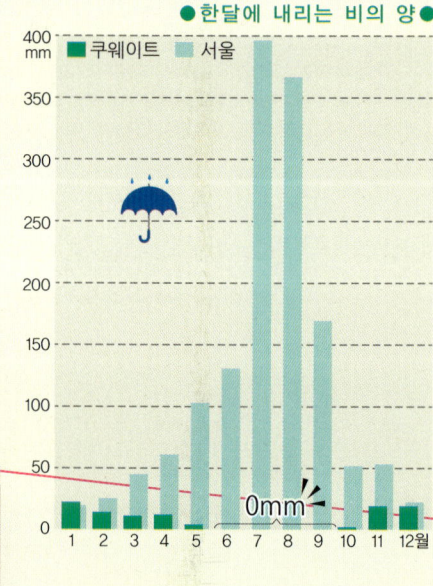

그랜드 모스크
쿠웨이트시 중심에 있는 국내 최대의 모스크이다. 예배 홀은 1만 명을 수용할 수 있다.

사우디아라비아 → p.82

쿠웨이트 타워
쿠웨이트시의 명소이며, 3개의 탑으로 구성되어 있다. 제일 높은 탑은 높이 187m인 전망대, 두 번째는 145.8m인 급수탑, 세 번째는 다른 두 탑을 비추는 조명 시설로 되어 있다.

마크부스
향신료를 많이 넣어 지은 밥으로, 국민 음식이다.

이라크 →p.78

아랍어로 인사
앗살라무 알라이쿰
السلام عليكم.
안녕하세요.

슈크란
شكرا.
감사합니다.

이드 알 피트르
이슬람교의 축일로, 라마단(단식)이 끝나는 것을 축하하는 축제이다. 가족이나 친구가 모여 맛있는 음식을 먹는다.

부비얀섬

제트스키
파일라카섬은 인기 있는 해변으로, 제트스키 등의 해양 스포츠를 즐길 수 있다.

축구
가장 활발한 스포츠이며, 아랍 세계에서는 정상급이다.

붉은 제복을 입은 포터
시장 등에서는 붉은 제복을 입은 짐 운반인이 카트를 끌며 손님에게 말을 건다.

파일라카섬

마술
국제 대회에서 우수한 성적을 거두고 있다.

자흐라

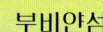 쿠웨이트

자유의 탑 (Liberation Tower)
이라크로부터 해방된 것을 기념하여 이름이 지어졌다. 높이 372m로, 쿠웨이트에서 가장 높은 건물이다. (쿠웨이트시)

세이프 궁전
왕족이 방문객을 대접하는 장소로 사용된다.(쿠웨이트시)

페르시아만

미나알아마디

석유 유조선
석유가 수출에서 차지하는 비율은 90%를 넘는다.

의식주

마실 물을 얻기 위해!
인간이 살아가는 데 필요한 순수한 물. 강이 없고, 비가 적은 쿠웨이트에서는 어떻게 마련하고 있을까요? 사실은, 바닷물에서 염분을 빼고 마실 물로 처리하는 설비가 많이 설치되어 있다고 하네요! 최근에는 각 가정용 설비도 있답니다!

 부르간 유전

부르간 유전
1938년에 발견된, 이 유전은 쿠웨이트 최대 규모를 자랑하는 유전이다.

○ 와프라

0　　25　　50km

정답: 경상북도

사우디아라비아
Kingdom of Saudi Arabia

IOC 코드 **KSA** Asia

아라비아반도의 대부분을 차지하며, 국토의 대부분이 사막인 나라이다. 이슬람교의 성지인 메카가 있다. 국왕이 수상을 겸하고 있으며, 정치와 종교가 일치된 체제 하에서 엄격한 계율이 지켜지고 있다. 석유 수출량은 세계 제일이며 산유국의 주도적인 존재이지만, 석유 이외의 산업에도 힘을 쏟고 있다.

국기 설명: 이슬람교의 성스러운 녹색 바탕에, 아랍어로 「알라 외에 신은 없으며, 무함마드는 신의 예언자이다.」라는 코란의 구절과, 성지 메카를 지키는 의미의 검이 그려져 있다.

축구
국내에서 가장 인기가 높으며, 아시아의 강국이다.

DATA
사우디아라비아 왕국
- 수도: 리야드
- 인구: 3,174만 명(제40위)
- 면적: 220.7만㎢(제13위)
- 인구 밀도: 14명/㎢(제175위)
- 주요 언어: 아랍어
- 주요 종교: 이슬람교
- 통화: 사우디아라비아 리얄

여기

나라의 자랑

이슬람교의 성지 메카
이슬람교도가 매일 하는 기도… 사실은 메카의 카바 신전을 향해 하고 있는 것입니다! 이슬람교에서는 메카에 순례하러 가는 것이 정해져 있으며, 누구라도 일생에 한 번은 가보기를 원한다고 합니다. 특히 정해진 기간에 하는 정식 순례에서는, 나라마다 참가할 수 있는 인원이 결정되어 있으며, 각국의 전용 비행기로 온다고 합니다. 민족이나 국가의 경계를 넘어 일체감을 형성하는 의식인 것입니다.

메카 순례
이슬람력 12월에, 전 세계에서 200만 명 이상의 이슬람교도가 카바 신전(오른쪽 위의 작고 검은 정육면체 건물)을 방문한다. 아침부터 밤까지 기도가 이어지고, 남성은 흰 순례복을 입는다.

바레인
Kingdom of Bahrain

IOC 코드 **BRN** Asia

카타르반도 가까이에 떠 있는 크고 작은 40개의 섬으로 이루어진 국가이다. 예전부터 무역의 중심지로 발달하였고, 기원전 3세기~기원후 20세기에 걸쳐 진주잡이가 활발했다. 현재는 석유 정제와 알루미늄 공업 등이 경제의 중심이며, 인도 등으로부터 외국인 노동자가 많이 이주하여 국민의 절반 이상을 차지한다.

국기 설명: 빨강은 조국을 위해 흘린 피, 흰색은 평화, 톱니 모양의 5개의 삼각형은 이슬람교의 신자가 지켜야 할 오행을 나타낸다. 아라비아반도에서는 오래전부터 빨간색을 주체로 한 깃발이 사용되어 왔다.

사우디아라비아 →p.82

DATA
바레인 왕국
- 수도: 마나마
- 인구: 142만 명(제149위)
- 면적: 778㎢(제172위)
- 인구 밀도: 1,829명/㎢(제4위)
- 주요 언어: 아랍어
- 주요 종교: 이슬람교, 크리스트교
- 통화: 바레인 디나르

축구
프로 리그가 있으며, 인기 있는 스포츠이다.

쿠웨이트 / 이란 / 사우디아라비아 / 여기 / 카타르 / 아랍 에미리트

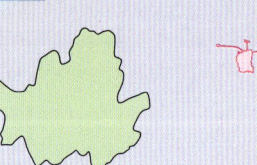

비교해 보자

0 25 50km

대한민국의 어디?
(정답은 페이지의 아래에 있음)

바레인

다우선과 진주잡이
페르시아만 일대는 천연 진주의 생산지였지만, 1930년대 이후 일본의 양식 진주의 기술이 발전함에 따라 쇠퇴해 버렸다. 다우선은 고기잡이에 이용되었지만 현재는 관광용으로 이용되고 있다. 그림은 배 위에서 피지리라는 전통 음악을 노래하고 있는 모습이다.

84

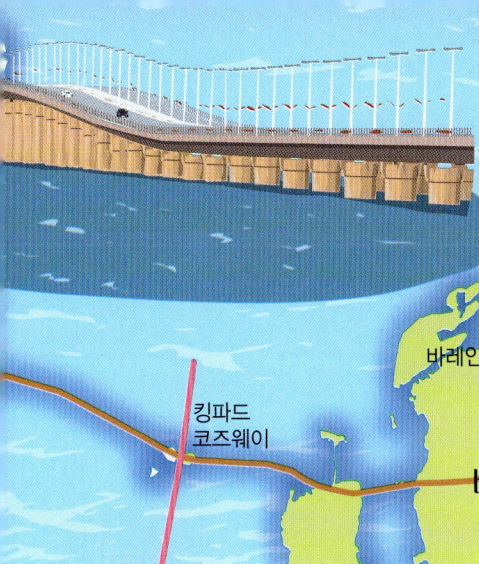

킹파드코즈웨이
사우디아라비아와 연결되는 총길이 25km의 해상 다리이다. 주말에는 바레인에서 휴일을 즐기는 사람들의 차 때문에 정체되는 일이 있다.

알 파테 그랜드 모스크
세계 최대급의 유리로 만든 돔이 있으며, 한번에 7000명이 기도할 수 있는 국내 최대의 모스크이다.

무하라크섬

무하라크

바레인 요새 마나마

알 파테 그랜드 모스크

바레인섬

아알리

아알리 고분군
기원전 3000년~기원후 600년에 만들어진 약 2만 기의 고분이 남아 있다. 각각이 돌로 만든 관을 덮고 있다.

유전
1932년에 페르시아만 연안 국가에서는 최초로 유전이 발견되었다.

바레인 요새
14세기에 아랍인이 만든 성채 뒤에, 16세기에 이 섬을 점령한 포르투갈이 건설한 요새이다. 전설의 땅 딜문의 수도로 여겨진다.

바레인 인터내셔널 서킷

▲134 두칸산

생명의 나무

페르시아만

무하마르
대추야자 열매의 시럽으로 지은 밥에 향신료와 소금을 뿌려 구운 생선을 곁들인 전통 요리이다.

생명의 나무
사막 한가운데에 1그루만이, 400년 이상이나 계속 서 있는데, 그 신비한 모습 때문에 아담과 이브 전설의 땅은 아닐까라고 여겨진다.

아알리 도자기
도예, 바구니 뜨개질, 직물 등의 공예가 발달하였다 그중에서도 아알리 마을의 도자기가 유명하다.

오릭스
국가의 상징으로 되어 있다.

바레인 국제 서킷
2004년에 서아시아 최초의 F1(세계 최고의 자동차 경주대회) 개최국이 되었다.

바레인만

듀렛 알 바레인 리조트
물고기와 말굽 모양으로 된 13개의 인공섬으로, 고급 호텔과 골프장 등이 있는 휴양지이다.

피지리
진주조개잡이들에 의한 합창과, 손장단과 타악기 등을 이용한 전통 음악이다. 조업할 때는 배 위에서, 조업하지 않을 때는 항구에서 노래한다.

카타르 →p.86

하와르 군도

전설

불로불사의 땅, 딜문
기원전 3000년경, 전설의 땅 딜문이 여기 바레인에 있었다고 합니다. 딜문은 불로불사(늙지도 않고 죽지도 않음)를 원하는 사람이 모이는 땅으로, 성서에 등장하는 아담과 이브 전설의 「에덴의 동산」의 원형이라고 하는군요. 최근에는 아알리 고분군을 비롯해 바레인 요새 등 딜문의 생활양식을 알 수 있는 흔적이 발굴되어, 조금씩 비밀이 드러나고 있다고 하네요!

아랍어로 인사

앗살라무 알라이쿰
السلام عليكم
안녕하세요.

슈크란
شكرا.
감사합니다.

0 10 20km

정답: 서울

85

카타르
State of Qatar

아라비아반도에서 페르시아만에 돌출한 반도 국가로, 국토의 대부분이 평탄한 모래땅이다. 영국의 보호령이 된 뒤, 1971년에 독립하였다. 석유와 액화 천연가스의 수출로 인해 경제적으로 풍요로우며, 교육과 의료는 무료이다. 공업화를 추진하는 가운데 노동력이 부족하여, 외국인 노동자에게 의존하고 있다.

IOC 코드
QAT
Asia

국기 설명: 흰색은 평화, 거무스름한 적갈색은 원래의 빨간색이 변색되어 공식적인 색이 되었고, 전쟁 때에 흘린 피를 나타낸다. 9개의 톱니모양은 구성되어 있는 행정구역의 수이다. 가로의 길이가 세로의 2배 이상인 가로로 긴 국기이다.

골프
골프장이 2개가 있어, 카타르 마스터즈가 개최된다.

DATA
카타르국
- 수도: 도하
- 인구: 261만 명(제138위)
- 면적: 1.2만 km²(제158위)
- 인구 밀도: 226명/km²(제38위)
- 주요 언어: 아랍어
- 주요 종교: 이슬람교, 크리스트교, 힌두교
- 통화: 카타르 리얄

비교해 보자

0 50 100km

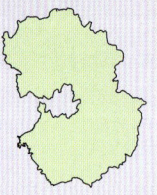
대한민국의 어디?
(정답은 페이지의 아래에 있음)

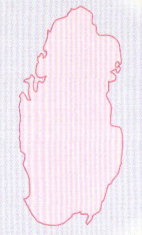
카타르

쿠웨이트, 이란, 사우디아라비아, 바레인, 여기, 아랍 에미리트

더 펄(The pearl)
국가 프로젝트로 만들어진 인공섬이다. 석유로 번영하기 전에 발달했던 진주 산업을 기념하여 이름이 지어졌다. 고급 호텔, 쇼핑몰, 고급 맨션이 있다.

바레인 →p.84

페르시아만

노스필드 가스전
세계 최대급의 가스전이다.

매 사냥
부자들 사이에서 취미로 하는 사람이 있으며, 매를 매매하는 시장이 정기적으로 열린다.

알 주바라 고고 유적

라스라판

알 주바라 고고 유적
진주 산업과 교역으로 번영하여, 쿠웨이트 상인이 건설한 항구 도시이다. 19세기 초에 파괴되어 모래에 매몰되었지만, 일부 성채 등이 발굴되었다.

오릭스
카타르의 상징 동물로 되어 있지만, 야생의 것은 절멸했다고 한다.

바레인만

두칸 유전
1933년에 국내에서 최초로 발견된 유전이다.

알샤하니아

카타르반도

더 펄

 도하

스테이트 그랜드 모스크
왕궁에 인접해 있는 카타르 최대의 모스크이다. (도하)

축구
관람도 플레이도 제일 인기가 있다. 2022년 월드컵 축구 대회의 개최국이다.

수크와키프
도하를 대표하는 수크(시장)로, 융단, 골동품, 유향 등의 가게가 늘어서 있다.

다우선 크루즈
다우선은 전통적인 목조선이다. 도하의 시가지를 해상에서 바라보는 크루즈가 인기가 있다.

아라비아반도

데이트
대추야자의 열매로 카타르인이 매우 좋아하는 것이다. 커피에 곁들여 먹는다.

마크부스
구운 고기를, 향신료로 맛을 낸 밥 위에 올린 요리이다.

사우디아라비아 →p.82

낙타 경주
일주 거리 10km의 코스를 낙타가 달린다. 관람자는 코스의 옆을 차로 달리면서 즐긴다. (알샤하니아)

축제

아이들의 즐거움!
「가란가오(Garangao)」

이슬람교의 라마단(단식)이 시작되고 14일째가 되는 날 밤에는 은근히 기다렸던 가란가오! 아이들은 목에 자루를 매달고 노래를 부르며 줄을 지어 거리를 천천히 걷습니다. 그리고 지나가면서 집이나 가게에 있는 사람들에게 견과나 과자를 자루에 넣어 달라고 한답니다! 옛날에, 진주조개잡이가 발달했던 때에 어부를 태운 다우선이 많은 선물을 싣고 왔던 것에서 유래되었다고 하네요.

아랍어로 인사

앗살라무 알라이쿰
السلام عليكم.
안녕하세요.

슈크란
شكرا.
감사합니다.

0 20 40km

정답: 경기도

아랍 에미리트
United Arab Emirates

아라비아반도 동부의 페르시아만 입구 부근에 위치하는 국가이다. UAE라고도 생략해서 쓴다. 대부분이 사막이지만, 해안선이 길기 때문에 일년 내내 온도는 높다. 세계에서 손꼽히는 산유국으로 국민소득도 세계 정상급이지만, 석유에만 의존하지 않는 경제를 목표로, 두바이를 중심으로 상업과 관광, 무역과 운수면에서도 발전하고 있다.

국기 설명: 4가지 색은 아랍의 통일색이며, 구성하는 7개 수장국의 국기의 색깔이기도 하다. 녹색은 풍요로운 국토, 흰색은 청정한 생활, 검은색은 과거의 압정이나 전쟁, 빨강은 성전에서 흘린 고귀한 피를 나타낸다.

DATA
아랍 에미리트 연방
- 수도: 아부다비
- 인구: 912만 명 (제93위)
- 면적: 7.1만㎢ (제117위)
- 인구 밀도: 128명/㎢ (제65위)
- 주요 언어: 아랍어
- 주요 종교: 이슬람교, 힌두교
- 통화: UAE 디르함

카타르 →p.86

여기

부르즈 할리파
2010년 개장했으며, 현시점에서는 세계에서 가장 높은 빌딩이다. 높이 828m의 160층 건물이며, 호텔, 고급 아파트, 사무실로 구성되어 있다. 대한민국의 삼성물산 건설부문이 시공사로 참여했다. (두바이)

버즈 알 아랍
다우선의 돛을 본떠 만든 높이 328m의 호텔로, 세계에서 유일한 7성급 호텔로 알려져 있다. (두바이)

아랍어로 인사

앗살라무 알라이쿰
السلام عليكم.
안녕하세요.

슈크란
شكرا.
감사합니다.

매 사냥

매가 사냥감을 잡는 것을 겨루는 경기로, 부자들 사이에서 유행하고 있다. 매는 국조이다.

셰이크 자이드 그랜드 모스크
2007년에 완성된 호화스런 대리석 모스크이며, 세계 최대의 페르시아 융단이 있다. 건국의 아버지로 불리는 자이드 전 대통령이 매장되어 있다. (아부다비)

이란 →p.76

두바이 파운틴
초고층 빌딩가에 만들어진 세계 최대의 분수로, 물은 높이 150m까지 솟아오른다. 매일 밤, 음악에 맞춰 펼쳐지는 물과 빛 쇼가 인기가 있다.

호르무즈 해협

오만 →p.90

오만의 영토

팜 주메이라
두바이 먼바다에 만들어진 야자나무의 모양을 한 인공섬이다. 줄기 부분에는 고층 아파트, 잎에는 대저택, 바깥쪽 테두리에는 고급 호텔이 줄지어 서 있다.

페르시아만

○샤 르자
두바이 ✈

아랍 에미리트의 영토

자쿰 유전
국내에서 산출량이 많은 유전이다.

•·· 자쿰 유전

알 아인 유적지
신석기 시대부터 사막의 오아시스에 사람이 거주했다는 것을 보여주는 유적이다. 그림은 알자힐리 성채이며, 오아시스를 지키기 위해 1898년에 만들어졌다.

아부다비 ●✈

알아인 ○

서핑
사막 속에 만들어진 수영장에, 인공적으로 파도를 일으키는 장치가 있어, 서핑을 즐길 수 있다. (알아인)

데이트
대추야자의 열매로, 영양가가 높으며 옛날부터 귀중한 먹거리이다.

훔무스
애피타이저의 일종으로 병아리콩 페이스트이다. 빵으로 떠서 먹는다.

마크부스
서아시아에서 자주 먹는 향신료를 넣어 만드는 쌀밥 요리이다.

사우디아라비아 →p.82

룹 알 할리 사막

데저트 사파리
사막을 차로 신나게 달리는 스릴이 있는 관광 여행이다.

스키 두바이
더운 사막 속에서도 스키를 즐길 수 있는 세계 최대의 실내 스키장이다. 폭 80m, 길이 400m의 겔렌데(스키 연습장)가 있다.

정치
에미리트(수장국)는 무슨 의미?

국명인 「에미리트(수장국) 연방」은 무슨 뜻일까? … 실은, UAE는 7개의 수장국으로 이루어진 연방 국가랍니다. 수장이라는 것은, 이슬람 세계에서 군주에게 주어진 칭호의 하나이며, 다시 말하면 7명의 수장이 각자의 나라를 손에 쥐고 있답니다. 그 중에서도 아부다비와 두바이의 수장이 힘을 갖고 있으며, UAE로서 결정을 할 때는 그 2명의 수장을 포함한 5명의 수장의 합의가 필요하다고 합니다!

낙타 시장
알아인의 교외에 있으며, 낙타 상인이 거래하는 것을 볼 수 있다.

축구
가장 인기 있는 스포츠.

0   50   100km

오만
Sultanate of Oman

아라비아반도의 동부에 있으며, 국토의 대부분이 사막인 국가이다. 페르시아 만 입구에 있는 호르무즈해협에 접하여 본토에서 떨어진 영토가 있으며, 중요한 석유 반출 항로가 개통되어 있다. 1970년에 카부스 국왕이 군주가 되어, 현재도 정치, 외교, 재무, 국방의 최고 지위를 담당하고 있다. 석유 관련 산업 외에, 대추야자를 중심으로 한 농업도 활발하다.

국기 설명: 빨강은 외적으로부터의 국방, 흰색은 평화, 녹색은 풍부한 농산물에 의한 번영을 나타낸다. 왼쪽 상단의 국장은 칸자르라는 단검에 2개의 칼을 교차시킨 것으로, 술탄(국왕)의 권위를 나타낸다.

DATA
오만국
- 수도: 무스카트
- 인구: 441만 명(제120위)
- 면적: 31.0만km²(제70위)
- 인구 밀도: 14명/km²(제175위)
- 주요 언어: 아랍어
- 주요 종교: 이슬람교
- 통화: 오만 리알

와히바 사막의 베두인족
유목민인 베두인족은 와히바 사막에서 8000년 이상 전부터 낙타를 기르고 대추야자를 재배해 왔다. 남자는 흰색 원피스 같은 디스타샤를 입고, 여자는 부르카라고 불리는 베일을 쓴다.

의식주

물을 서로 나누는 아플라즈

거의 사막투성이인데도 농업이 이루어지는 것은 왜 그럴까? 사실은 기원전부터 오만의 땅에서는 물을 공급하는 관개시설(아플라즈)이 발달되어 있어, 해시계로 시간을 재면서, 한정된 물을 함께 나눌 수 있도록 공부해 왔답니다. 지금도 건조지에 비해 농업이 발달한 것은, 고대부터 이어져 내려온 관개시설이 있었기 때문이라고 합니다!

돌핀 워칭
비지(다른 나라의 영토 안에 있는 땅)에 있는 카사브항이 있다. 이곳에서 전통적인 다우선을 타고 돌고래를 보는 것이 인기가 있다.

아람 궁전
카부스 국왕의 궁전이다. 그림은 입구 부분으로, 안쪽에 광대한 대지가 펼쳐진다.

이란 →p.76

페르시아만

호르무즈 해협

카사브

오만의 영토

술탄 카부스 그랜드 모스크
카부스 국왕의 지시로 2001년에 완성된 전면 대리석 국내 최대의 모스크이다. 예배당에는 600명의 여성이 4년 걸려 짠 70m×60m의 융단이 깔려 있다. (무스카트)

무스카트 페스티벌
매년 겨울에 개최되는 문화의 제전이다. 예술 공예품과 수공예품의 전시 등 다채로운 이벤트가 펼쳐진다. (무스카트)

아랍 에미리트 →p.88

오만만

시브 ✈ 무스카트

샴산 ▲3018
∴바흘라 성채

수르

하드곶

축구
인기가 있으며, 국제 경기에서는 열광적으로 응원한다.

바흘라 성채
샴산의 기슭에 있는 성채이다. 유목민과 페르시아인의 공격으로부터 보호하기 위해 만들어졌다.

사우디아라비아 →p.82

유전
석유는 수출액의 대부분을 차지한다.

와히바 사막

마크부스
향신료인 사프란으로 맛을 낸 밥에 고기나 생선을 곁들인 요리이다. 축하 자리에서 먹을 수 있다.

수르의 다우선
수르는 교역의 중심지로서의 역할을 담당해 왔지만, 다우선의 건조 마을로도 유명하다.

아라비아해

유향
유향나무에서 채취되는 수지로, 향수의 원료가 된다. 고대부터 유향의 땅으로 알려져 있다.

쉬와(shiwa)
오븐에서 천천히 구워 낸 닭고기나 양고기를, 밥에 올려 먹는 전통 요리이다.

대추야자
열매인 데이트는 비타민 등이 풍부하여, 생활에 없어서는 안 되는 식품이다. 전 세계에 수출하고 있다.

아랍어로 인사
앗살라무 알라이쿰
السلام عليكم.
안녕하세요.

슈크란
شكرا.
감사합니다.

∴유향의 땅

살랄라

살랄라의 농업
살랄라는 아열대 기후이므로 비가 많이 내리기 때문에, 바나나와 야자나무를 재배하고 있다.

예멘 →p.92

0 120 240km

예멘

Republic of Yemen

아라비아반도 남쪽 끝에 위치하며, 북부는 사막이 펼쳐져 있다. 서부는 평지가 적고 산이 많아서, 강수량이 많아 농업이 이루어진다. 홍해와 아라비아해에 접해 있어, 옛날부터 동서 교역의 중심지로서 번영했다. 1990년에 공화국이 성립된 뒤에도, 국내에서 무력 충돌과 테러, 외국의 군사개입이 잇따랐기 때문에 경제는 침체되어 있다.

국기 설명: 1990년 남북 통합 당시 북예멘의 국기에서 별을 없앤 형태로 제정되었다. 빨강은 독립의 정열, 흰색은 평화와 희망, 검정은 식민지 시대의 암흑을 나타낸다.

DATA
예멘 공화국
- 수도: 사나
- 인구: 2,595만 명(제49위)
- 면적: 52.8만㎢(제49위)
- 인구 밀도: 49명/㎢(제125위)
- 주요 언어: 아랍어
- 주요 종교: 이슬람교
- 통화: 예멘 리알

아랍어로 인사
- 앗살라무 알라이쿰 السلام عليكم. 안녕하세요.
- 슈크란 شكرا. 감사합니다.

용혈수와 보틀 트리
인도양의 「갈라파고스」라고 불리는 소코트라섬에는, 독자적인 진화를 이룬 동식물이 서식하고 있다. 버섯 같은 모양을 한 용혈수(높이 10m~20m), 병 같은 모양을 한 보틀 트리가 유명하다.

샤하라
해발 2800m에 있는 촌락이기 때문에 오스만 제국으로부터 정복을 당하지 않았다. 「하늘의 다리」라고 불리는 돌로 만든 아치가 상징으로 되어 있다.

낙타 뛰어넘기
키가 2m 이상인 3마리의 낙타를 뛰어넘는 경기이다. 한 부족 내에서 열린다. (호데이다)

시밤의 옛 성벽 도시
유목민의 습격과 홍수로부터 보호하기 위해 만들어진 500채 이상의 고층 주택이 모여 있다. 높이 12m의 성벽이 주위를 둘러싸고 있다.

사우디아라비아 →p.82

살타
토마토, 고기, 쌀 등과 향신료를 돌 냄비에 넣어 끓인 요리이다. 집집마다 돌 냄비가 있다.

룹 알할리 사막

사누아 쿠시가
역사가 3,000년이나 되며, 세계에서 가장 오래된 도시의 하나이다. 성벽으로 둘러싸여 있으며 「벽돌 마천루」라고 불린다.

마프라즈에서 카트를 즐기는 사람들
마프라즈라고 하는 객실에 모여 환담을 하면서 카트를 즐긴다. 카트는 꼭두서닛과의 어린잎인데 가벼운 흥분 작용이 있다.

오만 →p.90

축구
프로 리그가 있으며, 가장 인기가 있다.

시밤

알하자라
3760 나비슈아이브산
○호데이다

사나

○타이즈
○모카

커피
해발 1000m~3000m의 산의 경사면과 비가 올 때만 물이 흐르는 강에서 재배된다.

○아덴

아 라 비 아 해

잠비아 댄스
큰북과 피리에 맞춰 잠비아라고 불리는 단검을 머리 위로 쳐들며 춤을 춘다.

소코트라섬

인 도 양

0　150　300km

소말리아
③아프리카

알하자라
해발 2,300m의 바위 위에 4층~5층으로 지은 집이 들어서 있는 산악 요새 도시이다.

나라의 자랑

「모카」의 커피

카페에 가면 흔히 「모카」라고 불리는 커피가 있습니다. 사실은 예멘의 모카항에서 출하된 커피라는 것을 나타낸다고 합니다. 사실은, 모카항에서는 에티오피아의 커피도 출하되고 있기 때문에, 이것도 「모카」인 것이지요. 모카커피는 강한 신맛과 과일향이 나며 상큼한 맛이 특징이에요. ... 덧붙여서 대한민국 카페의 「카페모카」는 에스프레소와 초콜릿 시럽[파우더] 등을 섞은 별개의 것이기 때문에 주의를 요합니다!

요르단

Hashemite Kingdom of Jordan

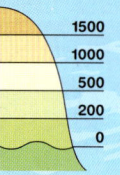

아라비아반도 서북부에 위치하는 국가이다. 대부분이 사막이지만, 서부에는 요르단강이 흐르고, 사해가 있다. 동부 전선에 의해 이스라엘에게 점령된 팔레스타인에서 많은 난민이 유입되었기 때문에, 인구의 70% 이상을 팔레스타인 인이 차지한다. 더욱이 2011년 이후에는 시리아 난민도 받아들이고 있다.

국기 설명: 빨간 삼각형은 요르단 왕조와 대아랍 혁명, 검정·흰색·녹색은 각각 역사상 번성한 고대 왕조를 나타낸다. 하얀 별의 일곱 개의 광선은 코란 제1장의 일곱 구절에 대한 경의를 의미한다.

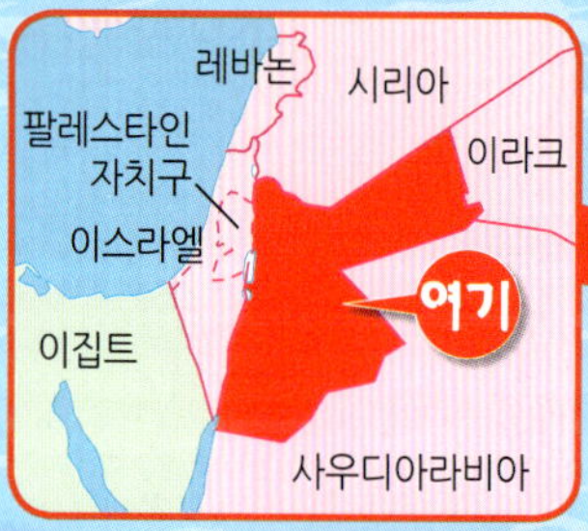

DATA

요르단 하시미테 왕국

- 수도: 암만
- 인구: 979만 명(제90위)
- 면적: 8.9만km²(제110위)
- 인구 밀도: 110명/km²(제74위)
- 주요 언어: 아랍어
- 주요 종교: 이슬람교 외
- 통화: 요르단 디나르

역사

페트라 대모험!

페트라는 우뚝 솟아 있는 벽을 깎아서 만든 도시유적이다. 기원전 1세기경에 아라비아 상인의 한 부족인 나바테아인이 만들었다고 하네요. 당시에는 중국·인도와 그리스·로마 등을 연결하는 교역의 중심지로 번영했답니다. 페트라를 모두 돌아다니려고 하면 4일 이상이 걸릴 정도로 광대하여, 그 추진력에 압도됩니다! 차도 들어갈 수 없기 때문에, 이동은 낙타나 당나귀 등에 타는 것입니다. 또한 많은 불가사의가 남아 있다고 하네요!

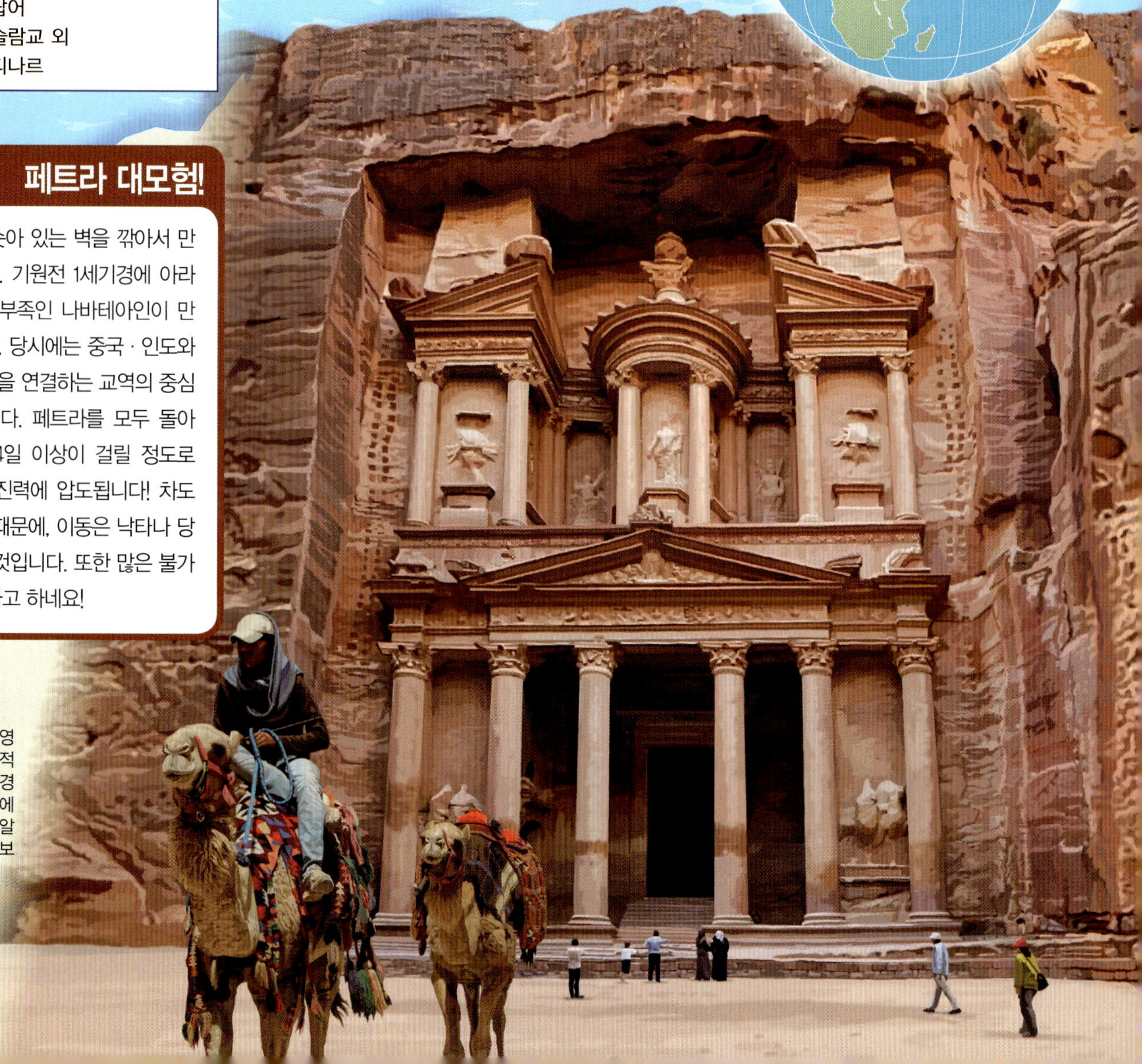

페트라

기원전 1세기경에 번영했던 고대도시의 유적이다. 기원후 7세기경에 쇠퇴하고, 19세기에 발견되었다. 그림은 알 카즈네라고 불리는 보물창고이다.

로마 극장
2세기에 로마 황제에 의해 만들어진 6000명을 수용할 수 있는 대규모 극장이다. 가파른 계단이 특징이다. (암만)

제라쉬 페스티벌
매년 7월에 열리는 축제이다. 로마제국 시대의 유적을 무대로 하여, 각지의 민속무용, 콘서트, 연극 등이 공연된다.

축구
프로 리그가 있으며, 가장 인기가 있는 스포츠로, 거리에서도 자주 볼 수 있다.

훈모스와 팔라펠과 쿠브즈
병아리콩을 갈거나 개어서 풀처럼 만든 것이 훈모스, 갈아 으깨서 크로켓처럼 튀긴 것이 팔라펠이다. 납작하고 둥근 쿠브즈와 함께 먹는다.

이라크 →p.78

지중해

네보산의 십자가
정상에 세운 뱀 같은 기념비는, 그리스도가 못박혔던 십자가를 상징하고 있다.

 시리아 →p.102

시리아사막

이르비드
제라시
자르카
●암만
네보산
사해
와디무집

아므라성
8세기경에 만들어진 별궁으로, 왕족이 엄격한 이슬람교도의 눈을 피해 연회나 목욕을 즐겼다고 한다.

만샤프
국민 음식으로, 가득 담은 밥에 요구르트에 끓인 고기를 얹고, 다시 요구르트를 곁들여 먹는다.

팔레스타인 →p.98

이스라엘 →p.96

누비아아이벡스
사막의 산지에 서식하는 염소의 무리이다. 뿔이나 고기를 구하기 위한 사냥으로 인해 절멸의 위기에 놓여 있다.

가락

사해
해발 -400m의 염호로 육지에서 가장 낮은 장소에 있다. 바다보다 염분 농도가 높기 때문에, 생물은 서식할 수가 없으며, 부력도 크기 때문에 사람은 떠 버린다.

아랍어로 인사

앗살라무 알라이쿰
السلام عليكم.
안녕하세요.

슈크란
شكرا.
감사합니다.

페트라
마안

와디무집의 계곡 트레킹
절벽 사이의 급류를, 흐름에 거슬러 올라가는 트레킹이다.

와디럼
사막 속에 바위산이 죽 늘어서 있는 지역으로, 원주민이 그린 바위그림이 남아 있다. 현재도 수백 명의 베두인(유목민)이 살고 있는데, 관광 안내가 중요한 직업이 되고 있다.

아카바
와디럼

아카바만

물담배
물을 통해 포도와 초콜릿 등의 맛이 나는 연기를 흡입한다. 남녀 모두에게 인기가 있다.

사우디아라비아 →p.82

0 60 120km

이스라엘
State of Israel

지중해에 접한 남북으로 가늘고 긴 국가이다. 제2차 세계 대전 후에 국제 연합의 결의에 따라 유대인 국가로 독립했지만, 본래 살고 있던 팔레스타인인과 아랍 국가들의 반발을 초래해 중동 전쟁이 일어났다. 팔레스타인 자치구와의 사이에 위치하는 예루살렘에는 유대교·크리스트교·이슬람교의 성지가 모여 있다.

IOC 코드 ISR Asia

국기 설명: 1948년 건국 때에 제정되었다. 유대교의 상징인 「다윗의 별」이 중심에 그려져 있고, 파란 줄무늬는 유대교도가 두르는 숄을 나타낸다.

지중해

DATA
이스라엘국
- 수도: 예루살렘※
- 인구: 838만 명 (제97위)
- 면적: 2.2만㎢ (제148위)
- 인구 밀도: 380명/㎢ (제18위)
- 주요 언어: 히브리어, 아랍어
- 주요 종교: 유대교, 이슬람교
- 통화: 신 셰켈

※국제사회는 점령지를 포함한 예루살렘을 수도로 승인하고 있지 않으며, 텔아비브를 수도로 간주하고 있다.

여기 / 레바논 / 시리아 / 팔레스타인 / 이집트 / 요르단 / 사우디아라비아

통곡의 벽
예루살렘에 있는 신전의 벽 일부의 명칭이며, 유대교의 성지이다. 남성은 검은 모자 또는 키파라고 하는 테 없는 모자를 쓰고, 수염과 구레나룻을 기르고 있는 사람도 있다. 벽에 이마를 대고 기도하거나, 소원 등을 쓴 종이를 틈에 끼운다. (예루살렘)

팔라펠 샌드위치
팔라펠(갈아서 으깬 병아리콩 크로켓)을 피타(원형의 납작한 빵) 등에 끼워서 먹는다.

예루살렘 구시가

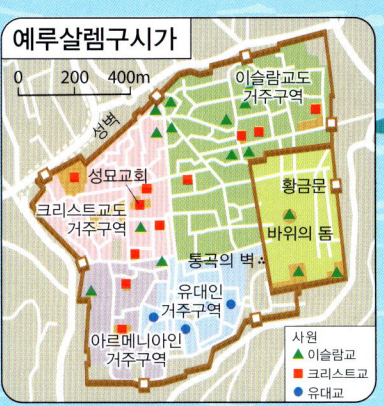

아코 구시가
5000년의 역사를 가진 시가로, 현재는 팔레스타인인의 거주 구역이 되어 있다.

레바논 →p.100
시리아 →p.102

산상 수훈 교회

갈릴리 호수의 산 위에서 예수가 설교를 하였고, 그 기념의 땅에 세워져 있는 가톨릭교회이다.

텔아비브의 「백색의 도시」

20세기 초에 백색의 건물이 세워졌고, 그 외관 때문에 「백색의 도시」라고 불리어진다. 4000동 이상이 남아 있으며 세계 유산으로 등재되어 있다.

포도밭과 와인
고대는 와인 만들기가 활발했지만, 이슬람 세력에게 지배를 받아 금지되었다. 현재는 주로 북부에서 고급 와인을 생산하고 있다.

요르단 고원
요르단강
팔레스타인 →p.98
요르단 →p.94
요르단 서안지구 (팔레스타인 자치구)
가자지구(팔레스타인 자치구)

사해의 진흙 팩

지구상에서 가장 해발이 낮은 −400m의 땅에 있는 염분 농도가 약 30%인 호수이다. 호수 밑바닥에서 채취되는 진흙은 천연 팩으로 미용에 좋다고 한다.

누비아아이벡스
염소의 무리이며, 사해 주변의 마사다 요새 부근에 조금 서식하고 있다.

이집트 ③아프리카

무교병
발효시키지 않은 크래커 모양의 빵이다.

올리브

8000년쯤 전부터 식용, 약용으로 쓰이고 있으며, 현재에도 도처에서 재배되며, 기름이나 비누 등에 이용된다.

성분묘 교회의 내부

예수의 묘로 알려져 있는 장소에 세운 교회로, 크리스트교의 각 정파에 의해 공동 관리되고 있다. (예루살렘)

마사다

사해가 내려다보이는 약 400m의 우뚝 솟은 바위 위에 세워진 요새의 잔해물이다.

축제 — 유대교의 유월절

옛날에, 고대 이집트에 이주해 온 유대인은 그 땅에서 학대를 받고 있었습니다. 예언자 모세는 "유대교도의 표시가 없는 사람에게는 죽음을 가져올 천사가 찾아온다."고 신으로부터 계시를 받았고, 그대로 "천사가 유대인의 집을 그냥 지나치고 이집트의 국민에게만 죽음을 가져왔다…."고 성서에 쓰여 있답니다! 그 때문에 유월절이라고 부르며, 매년 4월경에 무교병 등의 맛있는 음식을 먹으며 기도한다고 해요.

축구와 농구

축구와 농구가 매우 인기가 있다.

히브리어로 인사

샬롬 (오른쪽에서 왼쪽으로 쓴다)
שלום.
안녕하세요.

토다
תודה.
감사합니다.

에일라트

해변
아카바만

팔레스타인

Palestinian Interim Self-Government Authority

이스라엘에 둘러싸인 요르단강 서쪽 해안 지구와, 이집트에 접해 있는 지중해 연안의 가자지구를 관리하는 자치정부로, 국제 연합에는 옵서버 국가(표결이나 의견 제출권은 없지만 국제 연합 내에서 사실상 국가로 인정받는 회원국)로서 참여하고 있다. 이스라엘과의 분쟁이 현재까지 이어져, 많은 사람들이 난민으로 생활하고 있으며, 대한민국을 비롯해 세계 각국에 의한 경제 지원이 이루어지고 있다.

기의 설명: 검정·흰색·녹색·빨강의 4색은 아랍 민족 공통의 색으로 되어 있으며, 각각의 색깔이 역사상 이 땅에서 번성했던 왕조를 나타낸다. 1948년의 분할 결의에 따라 팔레스타인 정부가 성립 되었을 때 제정되었다.

DATA

팔레스타인 자치정부

- 수도: 동예루살렘※
- 인구: 485.4만 명
- 면적: 0.6만 km^2
- 인구 밀도: 806명/km^2
- 주요 언어: 아랍어
- 주요 종교: 이슬람교
- 통화: 신 세켈

※ 이스라엘에 의해 점령되어 있으며, 정부 기구는 라말라에 있다.

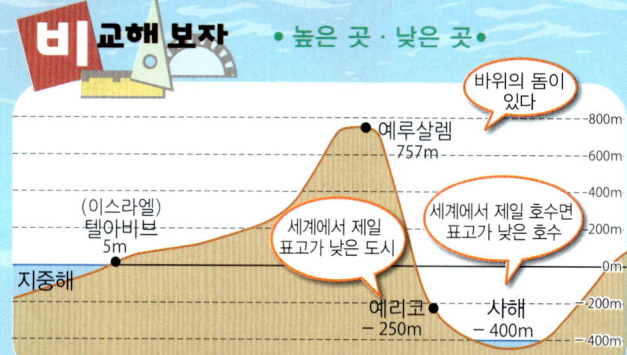

비교해 보자 • 높은 곳·낮은 곳 •

- 예루살렘 757m — 바위의 돔이 있다
- (이스라엘) 텔아비브 5m — 세계에서 제일 표고가 낮은 도시
- 지중해
- 예리코 −250m
- 사해 −400m — 세계에서 제일 호수면 표고가 낮은 호수

바위의 돔

동예루살렘 지구에 있는 이슬람교의 성지이다. 예언자 무함마드가 승천한 장소이며, 그 발자취가 돔 안의 바위에 남아 있다고 한다.

정치

분리장벽에 평화를 그리다!

이스라엘은 요르단강 서쪽 해안 지구와의 경계에 과격파의 자폭 테러를 막는다는 이유로, 450㎞ 이상 이어지는 높이 약 8m의 분리장벽을 만들었답니다. 그 팔레스타인 측의 벽에 영국의 「뱅크시」라는 예술가가 벽화를 그렸답니다! 경사면을 이용해 그 앞으로 향하는 사람의 그림과 알리가 벽을 쓰러뜨리고 앞으로 나아가는 그림 등, 보는 사람에게 평화를 호소하고 있답니다.

오순절
유대교의 3대 축제의 하나로, 봄의 수확을 감사하는 의미도 들어가 있으며, 팔레스타인에 거주하는 유대인에 의해 열린다. 게리짐산에서 성서를 낭독하며, 예배 후에는 단 과자를 먹는다.

쿠나파
프레시치즈가 들어간 밀가루 반죽에 많은 시럽을 곁들여 구운 나블루스 발상의 과자이다.

샤와르마
구운 고기를 베어 내어 빵에 끼워 먹는 패스트 푸드로, 어디에서나 판매하고 있다.

만사프
「큰 접시」라는 의미이며, 서시아국가들에서 먹는 볶음밥이다. 요르단의 전통 요리가 전해진 것이다.

다브케
고대부터 전해 내려오는 민속 무용이다. 어깨동무하거나 손을 맞잡거나 하면서 뛰며, 빠른 스텝을 밟는다.

○나블루스 △881 그리심산

요르단강 서안지구

대추야자
예리코 주변에서 재배되고 있으며, 수출도 하고 있다.

○타이베
라말라○　　　○예리코
성 조지 수도원

● 예루살렘 (동예루살렘)

베틀레헴○ 예수 탄생 교회

○헤브론

사해

예수 탄생 교회
교회의 지하에 설치된 14개의 꼭짓점을 가진 은색 별의 지점에서, 예수가 성모 마리아에게서 태어난 것으로 여겨진다.

이스라엘 →p.96

성 조지 수도원
계곡의 바위에 매달리듯 세워져 있는 정교회의 수도원이다.

요르단 →p.94

타이베 맥주
크리스천이 모이는 마을에서 만들어지는 팔레스타인 최초의 맥주이다.

지중해

가자○
가자지구

파르쿠르
뒤로 돌기나 도약 기술 등을 이용해 이동하는 스포츠로, 프랑스가 발상지이다. 공중 폭격 등으로 파괴된 폐허를 이용하여 젊은이들이 즐거운 시간을 보내고 있다.

이집트 ③아프리카

아브라함 모스크
유대교, 크리스트교, 이슬람교의 시조인 아브라함이 매장되어 있다. 팔레스타인 내에 있지만, 모스크의 일부는 이스라엘이 점령하고 있다.

아랍어로 인사

앗살라무 알라이쿰
السلام عليكم.
안녕하세요.

슈크란
شكرا.
감사합니다.

0　　20　　40km

레바논

Lebanese Republic

IOC 코드 LIB Asia

지중해 동쪽 해안에 위치하며, 해안 부분은 온난하지만, 산악 지대에서는 눈이 쌓이는 일도 있다. 국민의 절반 이상이 이슬람교도이지만, 크리스천의 비율도 높아, 내전의 원인이 되고 있다. 1975년부터 시작된 내전은 1990년에 종결되었지만, 주변 국가들과 미국 및 유럽 국가들의 간섭으로, 지금도 혼란이 계속되고 있다.

국기 설명: 흰색은 눈 덮인 레바논산과 평화, 빨강은 용기와 희생을 나타낸다. 중앙에 그려져 있는 것은 국가 나무인 레바논 삼나무로 성서에도 등장하고, 고대부터 부와 불멸의 상징으로 여겨지고 있다.

DATA

레바논 공화국
- 수도: 베이루트
- 인구: 377만 명(제128위)
- 면적: 1.0만 km²(제162위)
- 인구 밀도: 362명/km²(제21위)
- 주요 언어: 아랍어
- 주요 종교: 이슬람교, 크리스트교
- 통화: 레바논 파운드

아랍어로 인사

앗살라무 알라이쿰
السلام عليكم.
안녕하세요.

슈크란
شكرا.
감사합니다.

카디샤 계곡의 레바논 삼나무

레바논 삼나무는 단단하고, 잘 썩지 않아 배의 자재로 적당하기 때문에 대량으로 사용되어, 20세기 초에는 거의 사라지게 되었다. 현재는 카디샤 계곡에 1200그루 정도가 남아 있을 뿐이다.

역사

알파벳 발상지!

기원전 10세기경, 레바논의 땅에는 페니키아인의 나라가 있었답니다. 그들은 조선 및 항해 기술이 뛰어나, 지중해 무역으로 번영했는데, 교역 물품을 교환하는 중에 수나 가격을 기록해야 했기 때문에 페니키아 문자를 고안했다고 해요. 이것이 후에 키프로스섬을 경유하여 그리스에 전해져, 알파벳의 기원이 되었다고 합니다!

축구
프로 리그가 있으며, 농구와 함께 인기가 있다.

다브케
고대부터 전해오는 민속 무용으로 제자리걸음을 하면서 춤을 춘다.

○ 트리폴리 (타라불루스)

쿠르나 아사다산 3086▲

카디샤 계곡

포도밭과 와인
페니키아인에 의해 만들어진 와인이 원조라고 불릴 정도로 역사가 오래되고, 현재도 국제적으로 높은 평가를 받고 있다. (베카고원)

바타라 협곡

베카 계곡

므자르 · 바알베크

시리아 → p.102

바알베크 유적
고대 로마 신전의 유적이며, 주피터, 비너스, 바커스의 3신전으로 이루어져 있다. 그림은 가장 보존 상태가 좋은 바커스 신전이다.

지중해

베이루트

무함마드 알아민 모스크
2008년에 완성된 파란 돔이 아름다운 모스크로, 베이루트의 랜드마크(상징 건물)이다.

스키
「같은 날에, 바다에서 수영하고 산에서 스키를 탈 수 있는」 자랑거리가 있다. 4월 하순이 추천된다. (므자르)

○ 사이다

후브스
훔무스나 팔라펠과 함께 먹는 얇게 구운 빵이다.

바다의 성벽
13세기에 십자군이 항구의 방어를 위해, 페니키아인의 신전이 있었던 곳에 세웠다. (사이다)

· 티레

팔라펠과 훔무스
팔라펠(병아리콩 크로켓)과 훔무스(병아리콩과 참깨 페이스트)를 자주 먹는다. 모두 야채로 만들 수 있어 인기가 있다.

티레 유적
기원 전후의 로마 제국 시대의 것으로, 기둥이 줄지어 늘어서 있는 도로, 개선문, 경기장 등이 남아 있다.

이스라엘 → p.96

바타라 협곡폭포
지표에서 지하의 동굴 속을 225m나 흘러 떨어진다. 도중에 자연적으로 만들어진 다리가 있으며, 마치 게임에 등장하는 지하 감옥 같다.

0 25 50km

시리아
Syrian Arab Republic

IOC 코드 **SYR** Asia

지중해에 연안에 있으며, 고대부터 동서 무역과 문화의 요충지로 번영했던 국가이다. 내륙 지방은 건조하지만, 지중해 연안에서는 농업이 활발하다. 1946년에 프랑스로부터 독립한 뒤, 정치가 안정되었지만, 2011년 이후 반정부 시위가 일어나고, 내전과 테러에 의해 많은 사상자와 난민이 발생하고 있다.

국기 설명: 빨강은 검과 혁명, 흰색은 국민의 선과 평화, 검정은 전쟁을 나타내고, 두 개의 녹색 별은 아름다운 대지와 아랍의 단결을 의미한다. 1946년 독립 이후 합병과 분열 때마다 별의 수와 색상은 변경되어 왔다.

축구
내전 중에도 프로 리그가 개최되고 있으며, 국민들 사이에 뿌리내리고 있다.

DATA
시리아 아랍 공화국
- 수도: 다마스쿠스
- 인구: 2,112만 명(제57위)
- 면적: 18.5만㎢(제87위)
- 인구 밀도: 114명/㎢(제70위)
- 주요 언어: 아랍어
- 주요 종교: 이슬람교 외
- 통화: 시리아 파운드

여기

정치

분쟁의 상처

2017년에 간신히 종식시킨 시리아의 분쟁. 처음에는 정부에 민주화를 요구하는 시위였지만, 차츰 무력에 의한 내전으로 발전하여, 47만 명의 사망자와 국민의 절반 이상의 난민과 피난민이 발생했습니다. 그 혼란을 틈타 이슬람교의 과격파 무장 세력도 가세하여, 팔미라 유적도 파괴되어 버렸답니다.

현재는 시리아 정부와 반체제파도 정전하고, 정치의 재정비를 도모하고 있답니다.

팔미라 유적
기원전 1세기의 로마 제국 지배 시대에, 기둥이 줄지어 늘어서 있는 도로, 원형극장, 목욕탕 등이 만들어졌다. 3세기에는 폐허가 되었고, 18세기에 영국의 탐험대에 의해 발견되었다. 그림은 폐허가 되기 전의 개선문이다.

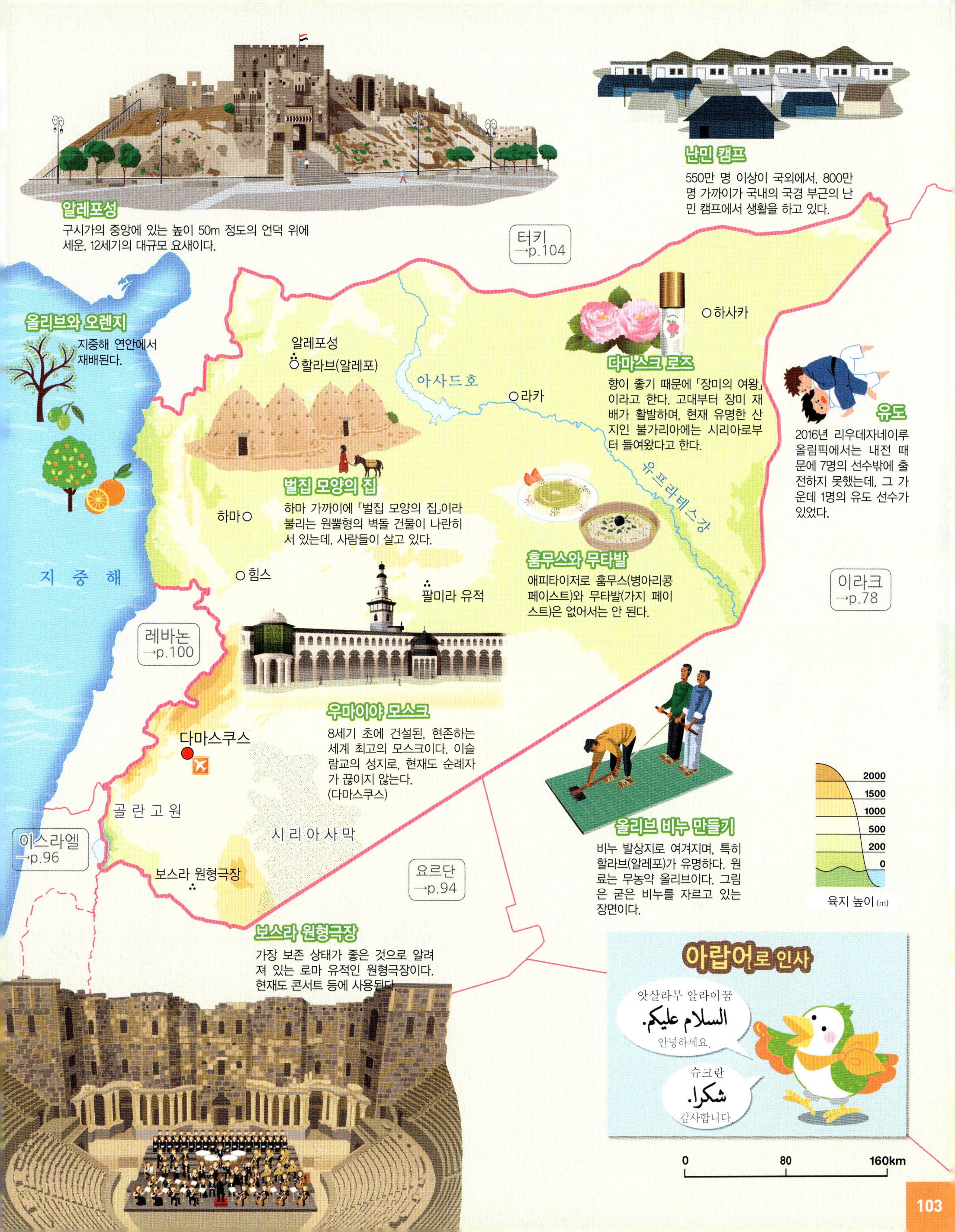

알레포성
구시가의 중앙에 있는 높이 50m 정도의 언덕 위에 세운, 12세기의 대규모 요새이다.

난민 캠프
550만 명 이상이 국외에서, 800만 명 가까이가 국내의 국경 부근의 난민 캠프에서 생활을 하고 있다.

터키 →p.104

올리브와 오렌지
지중해 연안에서 재배된다.

알레포성
할라브(알레포)

 하사카

아사드호

○라카

다마스크 로즈
향이 좋기 때문에 「장미의 여왕」이라고 한다. 고대부터 장미 재배가 활발하며, 현재 유명한 산지인 불가리아에는 시리아로부터 들여왔다고 한다.

벌집 모양의 집
하마 가까이에 「벌집 모양의 집」이라 불리는 원뿔형의 벽돌 건물이 나란히 서 있는데, 사람들이 살고 있다.

하마○

○힘스

유프라테스강

유도
2016년 리우데자네이루 올림픽에서는 내전 때문에 7명의 선수밖에 출전하지 못했는데, 그 가운데 1명의 유도 선수가 있었다.

팔미라 유적

훔무스와 무타발
애피타이저로 훔무스(병아리콩 페이스트)와 무타발(가지 페이스트)은 없어서는 안 된다.

지중해

레바논 →p.100

이라크 →p.78

우마이야 모스크
8세기 초에 건설된, 현존하는 세계 최고의 모스크이다. 이슬람교의 성지로, 현재도 순례자가 끊이지 않는다. (다마스쿠스)

다마스쿠스

골란고원

시 리 아 사 막

이스라엘 →p.96

보스라 원형극장

요르단 →p.94

올리브 비누 만들기
비누 발상지로 여겨지며, 특히 할라브(알레포)가 유명하다. 원료는 무농약 올리브이다. 그림은 굳은 비누를 자르고 있는 장면이다.

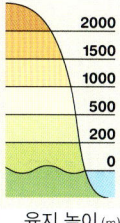

2000
1500
1000
500
200
0

육지 높이 (m)

보스라 원형극장
가장 보존 상태가 좋은 것으로 알려져 있는 로마 유적인 원형극장이다. 현재도 콘서트 등에 사용된다.

아랍어로 인사

앗살라무 알라이쿰
السلام عليكم.
안녕하세요.

슈크란
شكرا.
감사합니다

0   80   160km

터키

Republic of Turkey

아시아와 유럽을 연결하는 위치에 있어. 동서의 종교와 민족이 융합된 문화를 볼 수 있다. 13세기에 탄생한 오스만 제국은, 발칸반도에서 아라비아반도에까지 이르는 대제국을 구축했다. 1923년에 현재의 국가 형태에 이르게 되었고, EU 가입을 목표로 하고 있는 한편, 소수민족의 문제도 떠안고 있다.

국기 설명: 「초승달 기」라고도 한다. 오스만 제국을 나타내는 빨간색에, 이슬람교의 상징이며, 비잔티움(현 이스탄불)의 상징이기도 한 초승달과 별이 그려져 민족의 발전과 독립을 나타낸다.

터키 아이스크림
병처럼 긴 것이 특징이며, 몸짓을 하면서 만들어 준다.

DATA
터키 공화국
- 수도: 앙카라
- 인구: 7,874만 명 (제18위)
- 면적: 78.0만㎢ (제36위)
- 인구 밀도: 101명/㎢ (제81위)
- 주요 언어: 터키어
- 주요 종교: 이슬람교
- 통화: 리라

터키어로 인사

메르하바
Merhaba.
안녕하세요.

테쉐퀴르 에데림
Teşekkür ederim.
감사합니다.

술탄 아흐메트 모스크
17세기에 만들어졌으며, 「세계에서 가장 아름다운 모스크」라고 한다. 내부는 파란색 장식 타일과 스테인드글라스로 장식되어 있어 「블루 모스크」라고도 한다. (이스탄불)

그리스
②유럽

아야소피아
크리스트교의 성당이 15세기에 이슬람교의 모스크로 수리되고, 20세기에 터키 공화국이 성립되자 어느 종교에도 속하지 않는 박물관이 되었다. 내부는 돔 천장으로 되어 있어 장대한 공간이 펼쳐진다. (이스탄불)

사프란볼루 시가
오스만 제국 시대에 향신료인 사프란의 집적지로 발달했던 거리로, 전통적인 건물이 많이 남아 있다.

전설

트로이의 목마 전설
그리스 신화에 등장하는 그리스와 트로이의 전쟁. 10년이나 계속된 끝에, 그리스는 목마에 병사를 잠입시켜, 교묘하게 트로이 국내로 옮겼습니다. 병사는 모두 잠들어 고요해진 밤에 목마에서 몰래 나와, 하룻밤 사이에 트로이를 몰락시켜 버렸다고 해요. 실제로 트로이라는 도시의 유적도 발굴되었지만, 전설의 트로이인지 아닌지는 수수께끼로 남아 있다고 합니다!

고등어 샌드위치
이스탄불의 명물로 구운 고등어를 샌드위치로 만든다.

보스포루스 해협
유럽과 아시아를 나누는 해협이다.

호론
흑해 연안 지역에서 볼 수 있는 민속무용으로, 한 줄로 서서, 빠른 템포로 춤을 춘다.

하마무
전통적인 공중목욕탕으로, 때 밀기와 오일 마사지를 받을 수 있다.

오일 레슬링
600년 이상의 역사를 가진 전통적인 격투기이며, 국기이다. 레슬러는 몸 전체에 오일을 바르고 싸운다.

튤립
터키가 원산지이며, 16세기에 유럽에 전해졌다.

터키 램프
오스만 제국 시대부터 현재까지 사용되고 있는 손으로 만든 램프이다.

낙타 레슬링
에게해 연안 지역에서 개최되고 있으며, 많은 관객이 모이며, 노점도 들어서 있다. 싸우는 것은 수컷뿐이며, 경주마처럼 혈통이 중시된다.

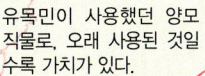

기림
유목민이 사용했던 양모 직물로, 오래 사용된 것일수록 가치가 있다.

페르가몬 유적
기원전 3세기부터~기원후 2세기경까지 번영했던 왕국의 유적이다.

파묵칼레
온천이 산의 경사면을 흘러내려, 오랜 세월에 걸쳐 생긴 100개 이상의 석탑 테라스이다. 새하얀 계단식 논 같은 경관을 이루고 있다.

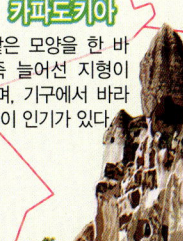

카파도키아
버섯 같은 모양을 한 바위가 죽 늘어선 지형이 진기하며, 기구에서 바라보는 것이 인기가 있다.

키프로스

Republic of Cyprus

IOC 코드 **CYP** Asia

지중해 동부의 섬나라이며, 유럽·아시아·아프리카에 가까운 입지를 이용하여 금융업과 해운업 등에서 외국의 기업을 끌어들이고 있다. 고대 유적과 아름다운 해변이 있어, 관광업도 주요 산업이 되고 있다. 하지만, 영국으로부터 독립한 후에, 내전이 있어 남부의 그리스계와 북부의 터키계로 분리된 상태에 있다.

국기 설명: 국토의 윤곽은 오랜채굴의 역사를 가진 구리를 나타내는 노란색으로 그려져 있다. 그 아래의 올리브 가지는 평화의 상징으로, 두 민족의 협력을 의미한다.

축구
20세기에 들어 영국으로부터 도입되었고, 지금은 가장 인기가 있는 스포츠이다.

DATA
키프로스 공화국
- 수도: 니코시아
- 인구: 84만 명 (제158위)
- 면적: 0.9만 km² (제163위)
- 인구 밀도: 92명/km² (제89위)
- 주요 언어: 그리스어, 터키어
- 주요 종교: 크리스트교(정교회), 이슬람교
- 통화: 유로

그리스어로 인사
- 깔리메라 **Καλημέρα.** 안녕하세요.
- 에프카리스토 **Ευχαριστώ.** 감사합니다.

비너스와 페트라 투 로미우 해안
바위에 부딪치는 파도의 거품에서, 사랑과 아름다움의 여신 비너스(아프로디테)가 탄생했다고 알려져 있다. 15세기 이탈리아의 화가 보티첼리의 회화 「비너스의 탄생」의 모델이 되었다.

터키
→p.104

트로도스 지역의 벽화 교회군
산악 지대에 정교회의 교회가 다수 남아 있다. 내부의 천장과 벽은 아름다운 프레스코화로 장식되어 있다.

백개먼
키프로스에서는 아주 인기가 있는 주사위 놀이 같은 게임이며, 국제 대회가 매년 열리고 있다.

벨라파이스 수도원
1206년 창건 당시에는 가톨릭이었지만, 오스만 제국 시대에 정교회의 건물이 되었다.

지중해

셰프탈리아
소시지 같은 것으로, 피타(납작한 빵)에 싸서 먹는다.

하루미 치즈와 토마토 카프레제
하루미 치즈는 염분이 강하며 씹는 식감이 있는 하얀 치즈이다. 구워서 토마토 카프레제(샐러드)를 만들어 먹는다.

클레프티코
염소고기 로스트이다.

코만다리아 와인
오모도스 마을에서 기원전의 제조법으로 만들어졌다. 이집트의 여왕 클레오파트라가 즐겨 마셨다고 한다.

케리네이아
벨라파이스 수도원
니코시아
키프로스섬
살라미스
파마구스타

국제 연합 완충 지대
(그린 라인)

트로도스 지역의 벽화 교회군
1951
트로도스산
오모도스
레프카라
라르나카
영국 주권 기지 데켈리아

파포스
페트라 투 로미우 해안
히로키티아
리마솔

살라미스 유적
고대 로마 시대의 유적이 남아 있다.

히로키티아
기원전 7000년경의 유적으로, 직경 2m~7m정도의 주거 흔적이 여러 개 발견되었다. 그림은 복원된 것이다.

영국 주권 기지 아크로티리
(영국의 해외영토)

레프카라의 레이스
레프카라에서는 전통적인 지그재그 모양의 레이스를 만든다. 레오나르도 다빈치가 그 아름다움에 감동을 받아, 가지고 돌아갔다고 한다.

파포스의 모자이크화
기원 전후에 수도였기 때문에 귀중한 문화재가 남아 있으며, 특히 귀족의 저택 유적에 남아 있는 신이나 사냥의 모습을 그린 모자이크화가 볼거리이다.

칼라마티아노스
그리스와 키프로스의 민속 무용으로, 손을 맞잡고 반시계 방향으로 춤을 춘다.

정치

남북으로 분단된 수도

1974년에 그리스계와 터키계 주민의 대립에 의한 내전이 일어났답니다. 정전은 되었지만, 국내를 남북으로 분단하는 길이 약 180km의 국제 연합 완충 지대(그린 라인)가 설정되어, 수도 니코시아도 둘로 나뉘어져 있답니다. 재통일될 수 있도록 협상이 진행되고 있어, 몇몇 검문소에서 왕래할 수 있게 되었답니다.

0　25　50km

DOOR의 열쇠

DOOR의 내용을 보다 깊이 이해하기 위한 페이지이다.

항목에 관련된 페이지를 나타내고 있다.

🗝 불교

- 기원전 5세기경, 인도의 고타마 싯다르타(붓다)가 부다가야에서 깨달음을 얻고 시작된 종교이다.
- 인생을 고통으로 여기고, 수행에 의해 고통에서 해방(깨달음과 해탈)되는 것 등의 가르침이 있다.
- 세계에는 약 5억 9백만 명의 신자가 있다.

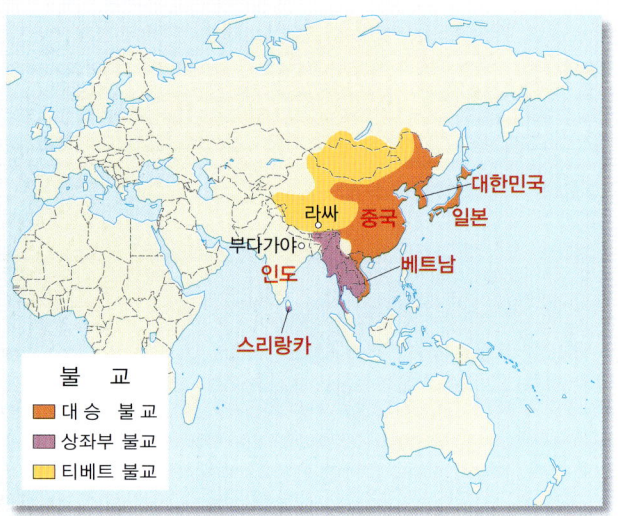

티베트 불교의 오체투지

양손·양다리·머리를 땅에 대고 최고의 경의를 표한다.

상좌부 불교

인도에서 스리랑카를 거쳐 동남아시아로 퍼졌다. 개인이 깨달음을 얻는 것이 중요하다고 여겨지기 때문에, 출가하여 불문에 들어가는 사람이 많다.

왓 포 (타이)

p.24 파탓 루앙 축제
p.30 쉐다곤 파고다

대승 불교

기원 전후의 인도에서 상좌부 불교에 대항해 일어난 불교로, 중앙아시아를 거쳐 중국과 일본, 베트남으로 퍼졌다. 출가하지 않고 하루하루의 생활 속에서 믿는 사람이 많다.

도다이지 (일본)

p.15 용산사
p.18 금각사

티베트 불교

대승 불교와 그 고장의 종교가 혼합되어 생긴 종교로, 중국의 티베트 자치구나 몽골, 부탄 등에서 믿고 있다. 기도하면서 오체투지를 하는 것이 특징이다.

포탈라궁 (중국)

p.21 에르덴조 사원
p.50 탁상 사원

🗝 동서 문화의 교류

실크 로드

- 중국의 비단이 이 길을 지나서 운반되었기 때문에 실크 로드로 불린다.
- 오아시스를 연결하여 생긴 길이기 때문에 도중에 오아시스 도시가 번성했다.
- 대한민국에도 악기나 서적 등 여러 가지 물건이 전해졌다.

p.69 캐러밴서라이
p.77 「호」는 페르시아의 뜻?

이슬람교

- 7세기에 예언자 무함마드에 의해 메카에서 시작되어, 북아프리카에서 서아시아, 동남아시아에 걸쳐 전파되었다.
- 유일신(알라)의 가르침을 정리한 코란에 따라, 오행을 지킬 의무가 있다고 한다.

이슬람교도의 규범
① 돼지고기와 술을 먹지 않는다.
② 식사할 때에 왼손을 쓰지 않는다.
③ 여자는 피부를 드러내지 않는다.

기도하는 사람

🟩 이슬람교

오 행
① 신앙의 고백… 예배 때마다 외친다.
② 예배… 하루 다섯번, 메카(→ p.82)를 향해 기도한다.
③ 기부… 가난한 자를 구하기 위해 재산의 일부를 내놓는다.
④ 단식(라마단)… 이슬람력 9월은 1개월간, 일출부터 일몰까지 음식을 먹지 않는다.
⑤ 순례… 평생 한 번은, 이슬람력 12월에 메카를 순례한다.

이슬람 건축

- 양파형 돔, 미너렛(첨탑), 아라베스크 장식 등이 특징이다.

p.37 뉴 모스크
p.76 이맘 모스크

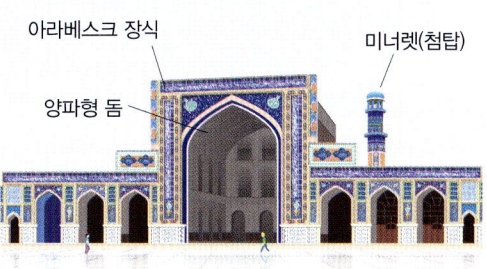
아라베스크 장식 / 미너렛(첨탑) / 양파형 돔
금요 모스크 (아프가니스탄)

🔑 시대의 큰 세력

몽골 제국

- 13세기 초에 몽골고원에서 유목민의 왕이 된 칭기즈 칸이 주변 지역을 정복하고 확대한 제국이다.
- 반세기에 유라시아 대륙의 대부분을 지배하여 사상 최대의 제국으로 불리고 있다.
- 1388년에 명나라(중국)에 패하여 쇠퇴하였다.

칭기즈 칸상(몽골)

몽골 제국의 최대 영역
카라코룸 / 몽골고원 / 유라시아대륙

오스만 제국

- 13세기 말에 탄생하고 1453년에 현재의 이스탄불을 수도로 한 후, 16세기 초에는 지중해에서 인도양 방면에 걸친 대제국이 되었다.
- 술탄의 술레이만 1세 때가 전성기였다.
- 1923년에 오스만 제국 대신에 터키 공화국이 세워졌다.

p.104 술탄 아흐메트 모스크

※술탄: 이슬람 왕조의 군주의 칭호

오스만 제국의 최대 영역
유럽 / 이스탄불 / 지중해 / 아시아 / 아프리카 / 메카

올림픽 · 패럴림픽

올림픽 개최 도시

※ 패럴림픽은 ⑰ 로마 대회부터 올림픽 개최국으로, ㉔ 서울 대회부터는 올림픽 직후 같은 장소에서 개최되게 되었다.

① …하계 개최 횟수(㉜ ~㉞ 는 예정)
① …동계 개최 횟수(㉔ 는 예정)

하계 올림픽

※ 참가국 수에는 지역도 포함됩니다.

회	개최 연도	개최 도시	개최국	참가국 수
1	1896	아테네	그리스	14
2	1900	파리	프랑스	24
3	1904	세인트루이스	미국	12
4	1908	런던	영국	22
5	1912	스톡홀름	스웨덴	28
6	1916	베를린	독일①	
7	1920	앤트워프(안트베르펜)	벨기에	29
8	1924	파리	프랑스	44
9	1928	암스테르담	네덜란드	46
10	1932	로스앤젤레스	미국	37
11	1936	베를린	독일	49
12	1940	도쿄	일본②	
13	1944	런던	영국③	
14	1948	런던	영국	59
15	1952	헬싱키	핀란드	69
16	1956	멜버른	오스트레일리아	67
17	1960	로마	이탈리아	83
18	1964	도쿄	일본	93

(대한민국 최초 참가! — 14회)

회	개최 연도	개최 도시	개최국	참가국 수
19	1968	멕시코시티	멕시코	112
20	1972	뮌헨	서독	121
21	1976	몬트리올	캐나다	92
22	1980	모스크바	소비에트 연방	80
23	1984	로스앤젤레스	미국	140
24	1988	서울	대한민국	159
25	1992	바르셀로나	에스파냐	169
26	1996	애틀랜타	미국	197
27	2000	시드니	오스트레일리아	199
28	2004	아테네	그리스	201
29	2008	베이징	중국	204
30	2012	런던	영국	204
31	2016	리우데자네이루	브라질	205
32	2020	도쿄	일본	
33	2024	파리	프랑스	
34	2028	로스앤젤레스	미국	

출처: KOC 웹사이트 외
①제1차 세계 대전으로 취소 ②중일 전쟁으로 취소 ③제2차 세계 대전으로 취소

이 경기는 어느 나라가 강한가!?

메달(금·은·동)의 획득 수

※ 하계는 제31회, 동계는 제22회까지의 수이다.

육상
- 🥇 1위 미국
- 🥈 2위 소비에트 연방 (1922~1991년 사이에 있었던 나라이다.)
- 🥉 3위 영국
- 4위 핀란드
- 5위 동독 (1949~1990년 사이에 있었던 나라이다.)
- 6위 케냐
- 7위 폴란드
- 8위 자메이카
- 9위 러시아
- 10위 에티오피아

수영
- 🥇 1위 미국
- 🥈 2위 오스트레일리아
- 🥉 3위 동독
- 4위 헝가리
- 5위 일본
- 6위 네덜란드
- 7위 영국
- 8위 중국
- 9위 독일
- 10위 소비에트 연방

유도
- 🥇 1위 일본
- 🥈 2위 프랑스
- 🥉 3위 한국

하키
- 🥇 1위 인도
- 🥈 2위 네덜란드
- 🥉 3위 오스트레일리아

배드민턴
- 🥇 1위 중국
- 🥈 2위 인도네시아
- 🥉 3위 한국

노르딕 복합
- 🥇 1위 노르웨이
- 🥈 2위 핀란드
- 🥉 3위 오스트리아

동계 올림픽

※참가국 수는 지역도 포함됩니다.

회	개최 연도	개최 도시	개최국	참가국 수
1	1924	샤모니	프랑스	16
2	1928	생모리츠	스위스	25
3	1932	레이크플래시드	미국	17
4	1936	가르미슈파르텐키르헨	독일	28
-	1940	삿포로①	일본	
-	1944	코르티나담페초②	이탈리아	
5	1948	생모리츠	스위스	28
6	1952	오슬로	노르웨이	30
7	1956	코르티나담페초	이탈리아	32
8	1960	스쿼밸리	미국	30
9	1964	인스브루크	오스트리아	36
10	1968	그르노블	프랑스	37
11	1972	삿포로	일본	35
12	1976	인스브루크	오스트리아	37
13	1980	레이크플래시드	미국	37
14	1984	사라예보	유고슬라비아	49
15	1988	캘거리	캐나다	57
16	1992	알베르빌	프랑스	64
17	1994	릴레함메르	노르웨이	67
18	1998	나가노	일본	72
19	2002	솔트레이크시티	미국	77
20	2006	토리노	이탈리아	80
21	2010	밴쿠버	캐나다	82
22	2014	소치	러시아	88
23	2018	평창	대한민국	92
24	2022	베이징	중국	

(대한민국 최초 참가! — 6회 1952 오슬로)

출처: KOC 웹 사이트 외
①중일 전쟁으로 취소 ②제2차 세계 대전으로 취소

찾아보기

국명(IOC 코드)··············페이지
*지역명

💬 ❶아시아 이외의 나라와 지역은 ❷❸❹❺에서 취급하고 있습니다!

❶ 아시아

대한민국(KOR) 4
네팔(NEP) 52
동티모르(TLS) 42
라오스(LAO) 24
레바논(LIB) 100
말레이시아(MAS) 32
몰디브(MDV) 56
몽골(MGL) 20
미얀마(MYA) 30
바레인(BRN) 84
방글라데시(BAN) 48
베트남(VIE) 22
부탄(BHU) 50
북한(PRK) 8
브루나이(BRU) 36
사우디아라비아(KSA) 82
스리랑카(SRI) 46
시리아(SYR) 102
싱가포르(SIN) 34
아랍 에미리트(UAE) 88
아르메니아(ARM) 70
아제르바이잔(AZE) 68
아프가니스탄(AFG) 74
예멘(YEM) 92
오만(OMA) 90

요르단(JOR) 94
우즈베키스탄(UZB) 64
이라크(IRQ) 78
이란(IRI) 76
이스라엘(ISR) 96
인도(IND) 44
인도네시아(INA) 40
일본(JPN) 18
조지아(GEO) 72
중국(CHN) 10, 12
카자흐스탄(KAZ) 58
카타르(QAT) 86
캄보디아(CAM) 26
쿠웨이트(KUW) 80
키르기스스탄(KGZ) 60
키프로스(CYP) 106
타이(THA) 28
타이완(TPE)* 16
타지키스탄(TJK) 62
터키(TUR) 104
투르크메니스탄(TKM) 66
파키스탄(PAK) 54
팔레스타인(PLE)* 98
필리핀(PHI) 38
홍콩(HKG)* 14

❷ 유럽

그리스(GRE)
네덜란드(NED)
노르웨이(NOR)
덴마크(DEN)
독일(GER)
라트비아(LAT)
러시아(RUS)
루마니아(ROU)
룩셈부르크(LUX)
리투아니아(LTU)
리히텐슈타인(LIE)
모나코(MON)
몬테네그로(MNE)
몰도바(MDA)
몰타(MLT)
바티칸시국
벨기에(BEL)
벨라루스(BLR)
보스니아 헤르체고비나(BIH)
북마케도니아(MKD)
불가리아(BUL)
산마리노(SMR)
세르비아(SRB)
스웨덴(SWE)
스위스(SUI)
슬로바키아(SVK)
슬로베니아(SLO)
아이슬란드(ISL)
아일랜드(IRL)
안도라(AND)
알바니아(ALB)
에스토니아(EST)
에스파냐(ESP)
영국(GBR)
오스트리아(AUT)
우크라이나(UKR)
이탈리아(ITA)
체코(CZE)
코소보(KOS)
크로아티아(CRO)
포르투갈(POR)
폴란드(POL)
프랑스(FRA)
핀란드(FIN)
헝가리(HUN)

③ 아프리카

가나(GHA)
가봉(GAB)
감비아(GAM)
기니(GUI)
기니비사우(GBS)
나미비아(NAM)
나이지리아(NGR)
남수단(SSD)
남아프리카 공화국(RSA)
니제르(NIG)
라이베리아(LBR)
레소토(LES)
르완다(RWA)
리비아(LBA)
마다가스카르(MAD)
말라위(MAW)
말리(MLI)
모로코(MAR)
모리셔스(MRI)
모리타니(MTN)
모잠비크(MOZ)
베냉(BEN)
보츠와나(BOT)
부룬디(BDI)
부르키나파소(BUR)
상투메 프린시페(STP)
세네갈(SEN)
세이셸(SEY)
소말리아(SOM)
수단(SUD)
시에라리온(SLE)
알제리(ALG)
앙골라(ANG)
에리트레아(ERI)
에스와티니(SWZ)
에티오피아(ETH)
우간다(UGA)
이집트(EGY)
잠비아(ZAM)
적도 기니(GEQ)
중앙아프리카 공화국(CAF)
지부티(DJI)
짐바브웨(ZIM)
차드(CHA)
카메룬(CMR)
카보베르데(CPV)
케냐(KEN)
코모로(COM)
코트디부아르(CIV)
콩고(CGO)
콩고 민주 공화국(COD)
탄자니아(TAN)
토고(TOG)
튀니지(TUN)

④ 북아메리카

과테말라(GUA)
그레나다(GRN)
니카라과(NCA)
도미니카(DMA)
도미니카 공화국(DOM)
멕시코(MEX)
미국(USA)
미국령 버진 제도(ISV)*
바베이도스(BAR)
바하마(BAH)
버뮤다 제도(BER)*
벨리즈(BIZ)
세인트키츠 네비스(SKN)
세인트루시아(LCA)
세인트빈센트 그레나딘(VCT)
아루바(ARU)*
아이티(HAI)
앤티가 바부다(ANT)
엘살바도르(ESA)
영국령 버진 제도 (IVB)*
온두라스(HON)
자메이카(JAM)
캐나다(CAN)
케이맨 제도(CAY) *
코스타리카(CRC)
쿠바(CUB)
트리니다드 토바고(TTO)
파나마(PAN)
푸에르토리코(PUR)*

⑤ 남아메리카·오세아니아

가이아나(GUY)
괌(GUM)*
나우루(NRU)
뉴질랜드(NZL)
니우에
마셜 제도(MHL)
미국령 사모아(ASA)*
미크로네시아(FSM)
바누아투(VAN)
베네수엘라 볼리바르(VEN)
볼리비아(BOL)
브라질(BRA)
사모아(SAM)
솔로몬 제도(SOL)
수리남(SUR)
아르헨티나(ARG)
에콰도르(ECU)
오스트레일리아(AUS)
우루과이(URU)
칠레(CHI)
콜롬비아(COL)
쿡 제도(COK)
키리바시(KIR)
통가(TGA)
투발루(TUV)
파라과이(PAR)
파푸아 뉴기니(PNG)
팔라우(PLW)
페루(PER)
피지(FIJ)

DOOR 세계를 여는 문
① 아시아
— 208개 국가와 지역을 알 수 있는 국제 이해 지도

2020년 4월 20일 초판 1쇄 인쇄
2020년 4월 30일 초판 1쇄 발행

펴낸곳 | (주)교학사
펴낸이 | 양진오
등록일 | 1962년 6월 26일 제 18-7호
주　소 | 서울특별시 금천구 가산디지털 1로 42(공장)
　　　　서울특별시 마포구 마포대로 14길 4(사무소)
전　화 | 편집 (02)707-5283, Fax (02)707-5250
　　　　영업 (02)707-5147, Fax (02)707-5160
표지 디자인 | 교학사 디자인센터,　기획 편집 번역 | 박규서
홈페이지 | www.kyohak.co.kr

일반 사단법인 지도 정보 센터
주식회사 제국서원
ⓒInternational Cartographic Information Center 2018-2019
ⓒTeikoku-Shoin Co.,Ltd.2018-2019
ⓒKYOHAKSA Publishing Co., Ltd.

(주)교학사는 이 책에 대한 독점권을 가지고 있습니다. 따라서 (주)교학사의 서면 동의 없이는 책의 전체 또는 일부를 어떤 형태로도 사용할 수 없습니다. 또한 책에서 인용한 모든 프로그램을 각 개발사와 공급사에 의해 그 권리를 보호받습니다.

이 도서의 국립중앙도서관 출판예정도서목록(CIP)은 서지정보시스템 홈페이지(http://seoji.nl.go.kr)와
국가자료종합목록시스템(http://www.nl.go.kr/kolisnet)에서 이용하실 수 있습니다.

함께자람은 (주)교학사의 유아 · 어린이책 브랜드입니다.

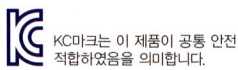
KC마크는 이 제품이 공통 안전 기준에 적합하였음을 의미합니다.